一眼千年

陈寅恪 著

中国画报出版社 · 北京

图书在版编目（CIP）数据

一眼千年 / 陈寅恪著. -- 北京 : 中国画报出版社,
2023.7（2025.12重印）
（美学大师课）
ISBN 978-7-5146-2180-8

Ⅰ. ①一… Ⅱ. ①陈… Ⅲ. ①敦煌学—艺术美学—研究 Ⅳ. ①K870.6

中国国家版本馆CIP数据核字(2023)第086771号

一眼千年
陈寅恪 著

出 版 人：方允仲
策　　划：许晓善
责任编辑：程新蕾　许晓善
内文排版：郭廷欢
责任印制：焦　洋

出版发行：中国画报出版社
地　　址：中国北京市海淀区车公庄西路33号　邮编：100048
发 行 部：010-88417418　010-68414683（传真）
总编室兼传真：010-88417359　版权部：010-88417359

开　　本：32开（880mm×1230mm）
印　　张：9.25
字　　数：190千字
版　　次：2023年7月第1版　　2025年12月第7次印刷
印　　刷：三河市金兆印刷装订有限公司
书　　号：ISBN 978-7-5146-2180-8
定　　价：59.80元

目录

Contents

乱世飘零，美了千年

敦煌写经析美

长恨一曲，琵琶行吟
敦煌诗词析美

乱世飘零，美了千年

敦煌写经析美

敦煌劫余录序

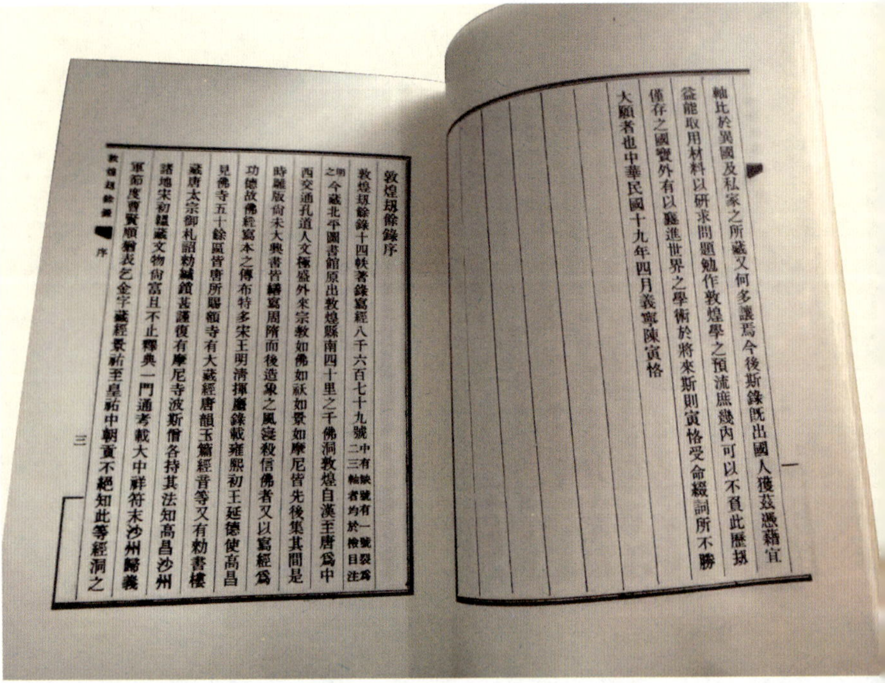

敦煌劫餘錄序

敦煌劫餘錄十四帙著錄寫經八千六百七十九號（中有缺號有一號裂爲二三軸者均於檢目注明之）今藏北平圖書館原出敦煌縣南四十里之千佛洞敦煌自漢至唐爲中西交通孔道人文稱盛外來宗教如佛如祆如景如摩尼皆先後集其間是時雕版尚未大興書皆繕寫周隋而後造象之風寖殺信佛者又以寫經爲功德故佛經寫本之傳布特多宋王明清揮麈錄載雍熙初王延德使高昌見佛寺五十餘區皆唐所賜額寺有大藏經唐韻玉篇經音等又有勅書樓藏唐太宗御札詔勅緘鎖甚謹復有摩尼寺波斯僧各持其法知高昌沙州諸地宋初鐍藏文物尚富且不止釋典一門通考載大中祥符末沙州歸義軍節度曹賢順猶表乞金字藏經景祐至皇祐中朝貢不絕知此等經洞之

敦煌劫餘錄 序 三

軸比於異國及私家之所藏又何多讓焉今後斯錄既出國人獲茲憑藉宜益能取用材料以研求問題勉作敦煌學之預流庶幾內可以不負此歷劫僅存之國寶外有以襄進世界之學術於將來斯則寅恪受命綴詞所不勝大願者也中華民国十九年四月義寧陳寅恪

◎ 敦煌劫余录序

一时代之学术，必有其新材料与新问题。取用此材料，以研求问题，则为此时代学术之新潮流。治学之士，得预于此潮流者，谓之预流（借用佛教初果之名）。其未得预者，谓之未入流。此古今学术史之通义，非彼闭门造车之徒，所能同喻者也。

敦煌学者，今日世界学术之新潮流也。自发现以来，二十余年间，东起日本，西迄法英，诸国学人，各就其治学范围，先后咸有所贡献。吾国学者，其撰述得列于世界敦煌学著作之林者，仅三数人而已。夫敦煌在吾国境内，所出经典，又以中文为多，吾国敦煌学著作，较之他国转独少者，固因国人治学，罕具通识，然亦未始非以敦煌所出经典，涵括至广，散佚至众，迄无详备之目录，不易检核其内容，学者纵欲有所致力，而凭借未由也。新会陈援庵先生垣，往岁尝取敦煌所出摩尼教经，以考证宗教史。其书精博，世皆读而知之矣。今复应中央研究院历史语言研究所之请，就北平图书馆所藏敦煌写本八千余轴，分别部居。稽核同异，编为目录，号曰敦煌劫余录。诚治敦煌学者，不可缺之工具也。书既成，命寅恪序之。或曰，敦煌者，吾国学术之伤心史也。其发见之佳品，不流入于异国，即秘藏于私家。兹国有之八千余轴，盖当时垂弃之剩余，精华已去，糟粕空存，则此残篇故纸，未必实有系于学术之轻重者在。今日之编斯录也，不过聊以寄其愤慨之思耳！是说也，寅恪有以知其不然，请举数例以明之。摩尼教经之外，如八婆罗夷经所载吐蕃乞里提足赞普之诏书，姓氏录所载贞观时诸郡著姓等，有关于唐代史事者也。佛说禅门经，马鸣菩萨圆明论等，有关于佛教教义者也。佛本行集经演义，维摩诘经菩萨品演义，八相成道变，地狱变等，有关于小说文学史者也。佛说孝顺子修行成佛经，首罗比丘见月光童子经等，有关于佛教故事者也。维摩诘经颂，唐睿宗玄宗赞文等，有关于唐代诗歌之佚文者也。其他如佛说诸经杂缘喻因由记中弥勒之对音，可与中亚发现之古文互证。六朝旧译之原名，借此推知。破昏怠法所引龙树论，不见于日本石山寺写本龙树五明论中，当是旧译别本之佚文。唐蕃翻经大德法成辛酉年（当是唐武宗会昌元年）出麦与人抄录经典，及周广顺八年道宗往西天取经，诸纸背题记等，皆有关于学术之考证者也。但此仅就寅恪所曾读者而言，共为数尚不及全部写本百分之一，而世所未见之奇书佚籍已若是之众，倘综合并世所存敦煌写本，取质量二者相与互较，而平均通计之，则吾国有之八千余轴，比于异国及私家之所藏，又何多让焉。今后斯录既出，国人获兹凭借，宜益能取用材料以研求问题，勉作敦煌学之预流。庶几内可以不负此历劫仅存之国宝，外有以襄进世界之学术于将来，斯则寅恪受命缀词所不胜大愿者也。

（原载一九三〇年历史语言研究所集刊第一本第二份）

莲花色尼出家因缘跋

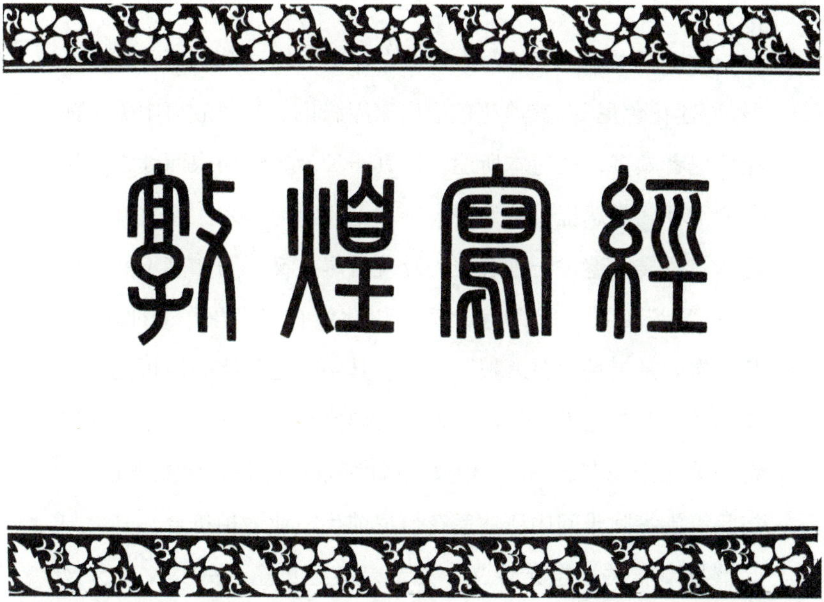

◎ 敦煌写经

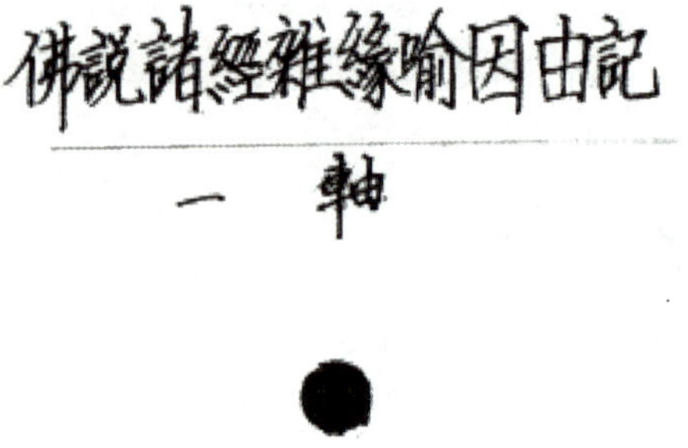
佛說諸經雜緣喻因由記

一　軸

◎ 北平图书馆藏书诸经杂缘喻因由记手书复印件

北平图书馆藏敦煌写本诸经杂缘喻因由记第一篇，其末云“号称莲花色尼”，盖莲花色尼出家因缘也。佛教故事中关于莲花色尼者颇多，此写本所述，即其一种。寅恪初取而读之，见所谓七种咒誓恶报仅载六种，疑“七”字为“六”字之讹。或写本有脱文，遗去一种恶报。及玩首尾文义，乃知其不然。何以见“七”字非“六”字之误？以此篇有“设盟作七种之誓”及“作如是七种咒誓恶报”二句，其中“七”字先后再见。若言俱“六”字之讹，似不可能。又鸠摩罗什译众经撰杂譬喻经卷下第三十七节，有大妇因妒以针刺杀小妇儿，致受恶报事，与此篇佛答阿难问中所述莲花色尼前生宿业适相符合。其为与此篇故事有关，自无疑义。兹节录彼经大意，并其文中涉及“七”字者，以资比较。

昔有一人两妇，大妇无儿，小妇生一男。大妇心内嫉之，以针刺儿囟上，七日便死。小妇知为大妇所伤，便欲报仇。问诸比丘，欲求心中所愿，当修何功德？诸比丘答言，当受持八关斋。即从比丘受八戒斋，后七日便死，转身来生大妇为女，端正，大妇爱之。年一岁死，大妇悲咽摧感，剧于小妇。如是七返，或二年，或三四年，或六七年。后转端正，倍胜于前。最后年十四，已许人。垂当出门，即夜便卒死。大妇忧恼不可言，停尸棺中，不肯盖之。日日看视，死尸光颜益好，胜于生时。有阿罗汉往欲度脱，到其人家，从乞。沙门见妇颜色憔悴，言，何为乃尔？妇言，前后生七女，黠慧可爱，便亡。此女最大，垂当出门，便复死亡，令我忧愁。沙门言，汝家小妇本坐何等死？小妇儿为何等死？妇闻此语，默然不答，心中惭愧。沙门言，汝杀人子，令其母忧愁懊恼，故来为汝作子，前后七返，是汝怨家欲以忧毒杀汝。汝试往视棺中死女，知复好否？妇往视之，便尔坏烂，臭不可近。问何故念之？妇即惭愧，便藏埋之，从沙门求受戒。沙门言，明日来诣寺中。女死，便作毒蛇，知妇当行受戒，于道中待之，欲啮杀之。妇行，蛇遂遮前，不得前去。沙门知之，沙门谓蛇曰，汝后世世更作他小妇，共相酷毒，不可穷尽。大妇一反杀儿，汝今（令）懊恼已七返，汝前后过恶皆可度。此妇今行受戒，汝断其道，汝世世当入泥犁中。今现蛇身，何如此妇身？蛇闻沙门语，自知宿命，持头着地，不喘息。沙门咒愿言，今汝二人宿命更相懊恼，罪过从此各毕，于是世世莫复恶意相向。二俱忏悔讫，蛇即命终，便生人中，受戒作优婆夷。

据此，七之为数，乃规定不移之公式。故作咒誓恶报，亦应依此公式作七种。然则此篇之“七”字，非“六”字之误，益可因此证明。或谓“七”字固非“六”字之误，但七种恶报，仅载六种，而阙其一种者，安知非传写时，无意中所脱漏乎？为此说者，颇似言之成理。迨详绎此篇首尾文义，乃知其说亦不可能。盖此篇莲花色尼前生所设之（一）夫被蛇蜥杀。（二）生儿被狼吃。（三）被水溺。（四）自身生埋。（五）自食儿肉。（六）父母被火烧。共六种恶报，皆一一应验。既于篇首起，逐节详悉叙述，复于篇末佛答阿难问中，重举各种恶报之名。后者其文甚简，传写时容有无意中脱漏之事。前者则记一恶报，必累百言，或数十言。传写时无意中纵有脱漏，何能全部遗去，不载一字。且篇中历叙各种恶报，至莲花色尼投佛出家止，皆意义联贯，次序分明，殊无阙少之痕迹。则此篇七种恶报，只载六种者，其非传写时无意中脱漏，又可知矣。

传写之讹误，或无心之脱漏，二种假定俱已不能成立，仅余一可能之设想，即编集或录写此诸经杂缘喻因由记者，有所恶忌，故意删削一种恶报，而未及改易文中之“七”字为“六”字，遂致此篇所举恶报之数，与所叙恶报之事，不相符合。兹从印度原文资料中，补其所阙之一种恶报，并推测其所以删削之故于下。

检巴利文涕利伽陀（此名依善见律毗婆沙卷一序品之音译）第六十四莲花色尼篇第二二四及第二二五偈，述母女共嫁一夫，其夫即其所生之子事。又见于涕罗伽陀（此名亦依善见律毗婆沙卷一序品之音译）第一二四恒河岸比丘篇第一二七及第一二八偈。据法护撰涕利伽陀此篇注解（巴利学会本第一九五页至第一九七页）所载此尼出家因缘，与敦煌写本大抵相同，惟其中有一事绝异而为敦煌写本所无者，即莲花色尼屡嫁，而所生之子女皆离失，不复相识，复与其所生之女共嫁于其所生之子。迨既发觉，乃羞恶而出家焉。

印度佛教经典注解，每喜征引往昔因缘。若一考其实，则多为后来所附益，而非原始所应有。但莲花色尼与其女共嫁其子之事，见于偈颂之本文，绝非注解中其他后来附会之本事可比。且为全篇最要之一事，即莲花色尼出家关键之所在。凡叙其出家始末者，断不容略去此节。今敦煌写本备载莲花色尼出家因缘中其他各节，大抵与巴利文本相同。独阙此聚麀之恶报，其为故意之删削，而非传写时无心之脱漏，似不容疑。考佛藏中往往以男女受身之由，推本于原始聚麀之念。用是激发羞恶之心，且可借之阐明不得不断欲出家之理。

则所言更详显矣。此种学说，其是非当否，姑不置论。惟与传统之伦理观念绝不相容，则不待言。佛法之入中国，其教义中实有与此土社会组识及传统观念相冲突者。如东晋至初唐二百数十年间，"沙门不应拜俗"及"沙门不敬王者"等说见于彦悰六卷之书者（唐彦悰集沙门不应拜俗议），皆以委婉之词否认此土君臣父子二伦之议论。然降及后世，国家颁布之法典，既有僧尼应拜父母之条文（见薛允升唐明律合编卷九及清律例卷一七礼律仪制“僧道拜父母”条）。僧徒改订之规律，如禅宗重修之百丈清规。其首次二篇，乃颂祷崇奉君主之祝厘章及报恩章，供养佛祖之报恩章转居在后（弌咸至大清规序云：“始此书之作，或以为僧受戒首之。或以住持入院首之。壬午，依觉庵先师于承天，朝夕扣问，因得以祝圣如来降诞二仪冠其前。其余门分类聚，厘为十卷。”据此，可知百丈原书犹略存毗奈耶本意。自元以后，则全部中国化矣）。夫僧徒戒本本从释迦部族共和国之法制蜕蝉而来，今竟数典忘祖，轻重倒置，至于斯极。橘迁地而变为枳，吾民族同化之力可谓大矣。但中国佛教信徒，关于君臣父子之观念，后虽同化，当其初期，未尝无高僧大德，不顾一切忌讳，公然出而辩护其教中无父无君之说者。独至男女性交诸要义，则此土自来佛教著述，大抵噤默不置一语。如小乘部僧尼戒律中，颇有涉及者，因以“在家人勿看”之语标识之（高僧传卷一康僧会传云：“［孙皓］因求看沙门戒，会以戒文禁秘，不可轻宣。”疑与此同）。盖佛藏中学说之类是者，纵为笃信之教徒，以经神州传统道德所熏习之故，亦复不能奉受。特以其为圣典之文，不敢昌言诋斥。惟有隐秘闭藏，禁绝其流布而已。莲花色尼出家因缘中聚麀恶报不载于敦煌写本者，即由于此。兹为补其阙略，并附论所以见删削之故，庶几可使游于方内之士，得知贝多真实语中固有非常异议、可怪之论在也。

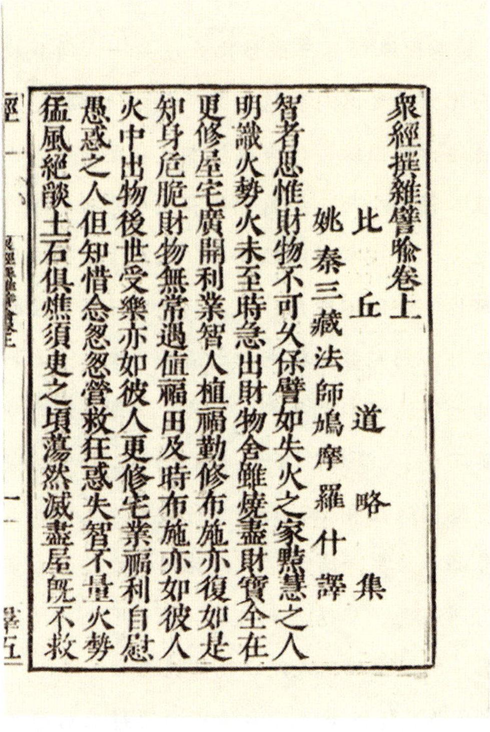

衆經撰雜譬喻卷上

比丘道略集

姚秦三藏法師鳩摩羅什譯

智者思惟財物不可久保譬如失火之家黠慧之人明識火勢火未至時急出財物舍雖燒盡財寶全在更修屋宅廣開利業智人植福勤修布施亦復如是知身危脆財物無常遇值福田及時布施亦如彼人火中出物後世受樂亦如彼人更修宅業福利自慰愚惑之人但知惜念怱怱營救狂惑失智不量火勢猛風絶燄土石俱燋須臾之頃蕩然滅盡屋既不救

◎ 众经撰杂譬喻卷上

附注

（一）贤愚因缘经卷三微妙比丘尼品一六所载故事与敦煌本略同，而比丘尼之名与敦煌本异。大方便佛报恩经卷五慈品中华色尼自述出家因缘，仅当敦煌本故事之前半，而比丘尼之名则与敦煌本符合。此二经虽皆载有咒誓恶报之事，然均无记其若干种之文。敦煌本所以独异者，或出于编纂者所臆加，或别有原本可据，今固不能知。但以鸠摩罗什译众经撰杂譬喻经所载故事证之，则咒誓恶报七种之语恐非编纂者自增。尤可注意者，即贤愚因缘经本无原本，实为中国僧徒游学中亚时听讲之笔记撰集而成（见僧祐出三藏记集卷九贤愚经记）。大方便佛报恩经内容既与贤愚因缘经相似，而特重行孝报恩之义，其经序品之后即为孝养品。又失译者之名，疑为同类之作品，俱经中国僧徒之手，有所改易，非复原来之旧。故与巴利文所载之较古而近真者不同，附识于此，或足以见鄙说之不甚谬也。

（二）沙门不拜俗事，可参清宽寿不拜世祖事。见康熙时所修广济寺新志中湛祐所作玉光寿律师传。

（原载一九三二年一月清华学报第七卷第一期）

禅宗六祖传法偈之分析

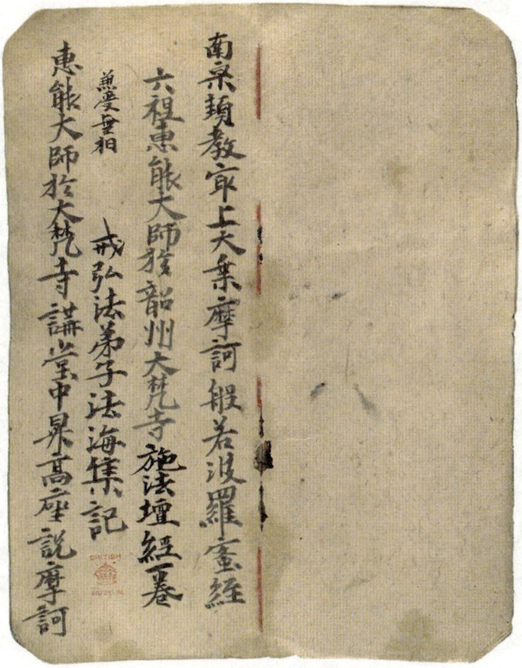
南宗頓教最上大乘摩訶般若波羅蜜經
六祖惠能大師於韶州大梵寺施法壇經一卷
兼受無相戒弘法弟子法海集記
惠能大師於大梵寺講堂中昇高座說摩訶

◎ 敦煌遗书 六祖慧能坛经 伦敦大英博物馆藏

神秀、慧能传法偈，坛经诸本及传灯录等书所载，其字句虽间有歧异之处，而意旨则皆相符会。兹依敦煌本坛经之文，分析说明之。

神秀偈曰：

身是菩提树。心如明镜台。时时勤拂拭。莫使有尘埃。

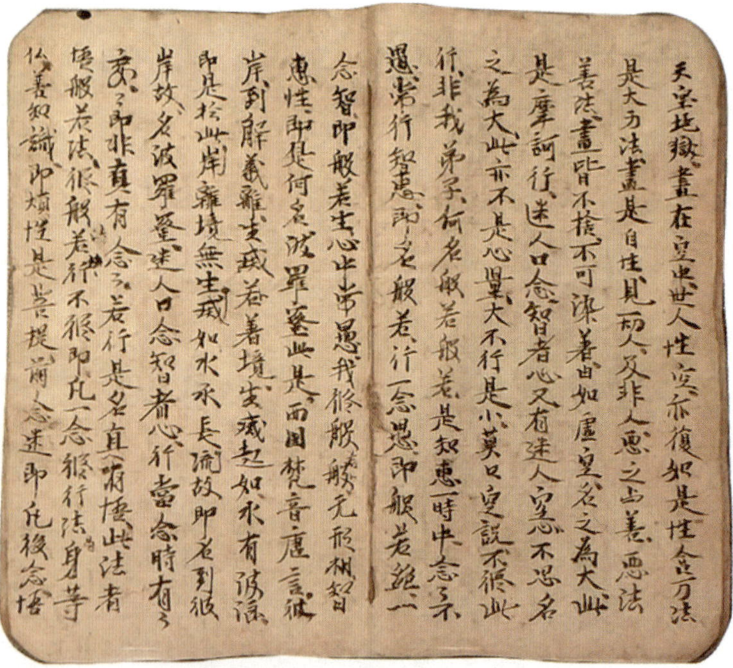

◎ 敦煌遗书 坛经 旅顺博物馆藏

慧能偈曰：

菩提本无树。明镜亦无台。佛性常清净。何处有尘埃。

又偈曰：

心是菩提树。身为明镜台。明镜本清净。何处染尘埃。

敦煌本坛经偈文较通行本即后来所修改者语句拙质，意义重复，尚略存原始形式。至慧能第二偈中“心”，“身”二字应须互易，当是传写之误。诸如此类，皆显而易见，不待赘言。兹所欲讨论者，即古今读此传法偈者众矣，似皆未甚注意二事：

（一）此偈之譬喻不适当。

（二）此偈之意义未完备。

请分别言之于下：

（一）此偈之譬喻不适当

何谓譬喻不适当？考印度禅学，其观身之法，往往比人身于芭蕉等易于解剥之植物，以说明阴蕴俱空，肉体可厌之意，此类教义为佛藏中所习见者，无取博征。请引一二佛典原文，以见其例：

鸠摩罗什译摩诃般若波罗蜜经卷二十四善达品第七十九云：

行如芭蕉叶，除去不得坚实。

又玄奘译大般若波罗蜜多经卷四百七十二第二份善达品第七十七之二（即前经同本异译。）云：

如实知如芭蕉树，叶叶析除，实不了得。

又鸠摩罗什等译禅秘要法经中云：

先自观身，使皮皮相裹，犹如芭蕉，然后安心。

又沮渠京声译治禅病秘要经略云：

次观厚皮九十九重，犹如芭蕉。次复观肉，亦九十九重，如芭蕉叶。中间有虫，细于秋毫。虫各四头四口九十九尾。次当观骨，见骨皎白，如白琉璃。九十八重，四百四脉入其骨间，流注上下，犹如芭蕉。

据此，可知天竺禅学观身取譬之例。至于传法偈中所谓菩

◎ 敦煌－第1号窟 后祭台 古画 雕塑

提树者，乃一树之专称，释迦牟尼曾坐其下，而成正觉者。依佛陀耶舍共佛念译长阿含经卷一第一份初大本缘经所载，先后七佛自毗婆尸至释迦牟尼，皆坐于一定之树下，成最正觉。其关于释迦牟尼之文句，兹逐录于下：

我今如来至真坐钵多树下，成最正觉。佛时颂曰：
我今释迦文。坐于钵多树。

玄奘西域记卷八摩揭陀国上云：

金刚坐上菩提树者，即毕钵罗之树也。昔佛在世，高数百尺。屡经残伐，犹高四五丈。佛坐其下，成等正觉，因而谓之菩提树焉。茎干黄白，枝叶青翠，冬夏不凋，光鲜无变。

据此，可知菩提树为永久坚牢之宝树，决不能取以比譬变灭无常之肉身，致反乎重心神而轻肉体之教义。此所谓譬喻不适当者也。

（二）此偈之意义未完备

何谓意义未完备？细绎偈文，其意在身心对举。言身则如树，分析皆空。心则如镜，光明普照。今偈文关于心之一方面，已将譬喻及其本体作用叙说详尽，词显而意赅。身之一方面，仅言及譬喻。无论其取譬不伦，即使比拟适当，亦缺少继续之下文，是仅得文意之一半。此所谓意义不完备者也。

然则此偈文义何以致如是之乖舛及不具足乎？应之曰：此盖袭用前人之旧文，集合为一偈，而作者艺术未精，空疏不学，遂令传心之语，成为半通之文。请略考禅家故事，以资说明。

此偈中关于心之部分，其比喻及其体用之说明，佛藏之文相与类似者不少。兹仅举其直接关系此偈者一事，即神秀弟子净觉所著楞伽师资记中宋朝三藏求那跋陀之“安心法”。其原文云：

亦如磨镜。镜上面尘落尽，心自明净。

寅恪案：此即宗密禅源诸诠集都序卷二叙禅宗之息妄修心宗，所谓：

故须依师言教，背境观心，息灭妄念，念尽即觉悟，无所不知。如镜昏尘，须时时拂拭，尘尽明现，即无所不照者是也。凡教义之传播衍绎，必有其渐次变易之迹象，故可依据之，以推测其渊源之所从出，及其成立之所以然。考续高僧传卷二十五习禅六昙伦传（江北刻经处本）略云：

释昙伦姓孙氏，汴州浚仪人。十三出家，住修福寺，依端禅师。然端学次第观，便诫伦曰：“汝系心鼻端，可得静也。”伦曰：“若见有心，可系鼻端。本来不见心相，不知何所系也。”异时（端禅师）告曰：“令汝学坐，先净昏情。犹如剥葱，一一重重剥却，然后得净。”伦曰：“若见有葱，可有剥削。本来无葱，何所剥也。”

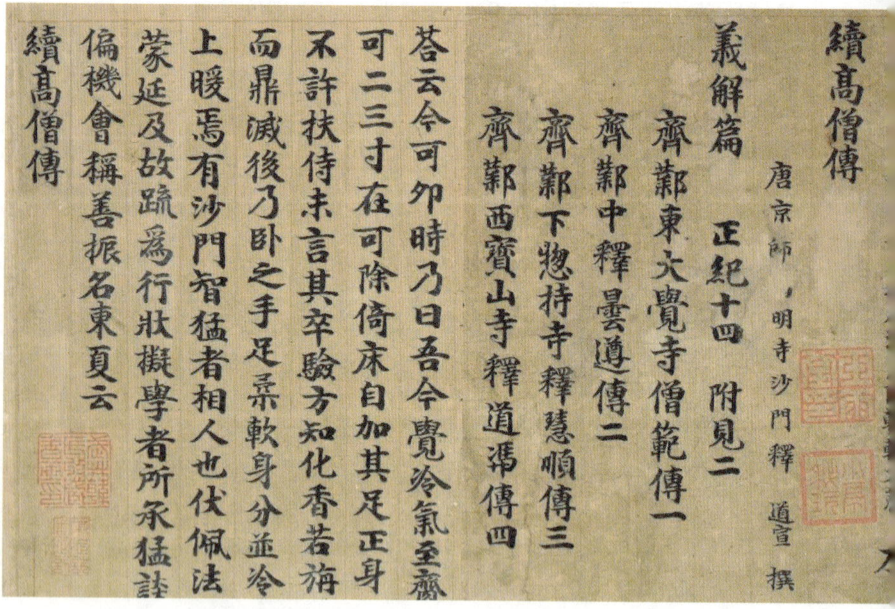
續高僧傳
唐京師[illegible]明寺沙門釋道宣撰
義解篇 正紀十四 附見二
齊鄴東大覺寺僧範傳一
齊鄴中釋曇遵傳二
齊鄴下總持寺釋慧順傳三
齊鄴西寶山寺釋道憑傳四
荅云今可夘時乃曰吾今覺冷氣至臍
可二三寸在可除倚床自加其足正身
不許扶侍未言其卒驗方知化香若旃
而鼎滅後乃卧之手足柔軟身分並冷
上暖焉有沙門智猛者相人也伏佩法
蒙延及故蹤爲行狀擬學者所承猛誌
偏機會稱善振名東夏云
續高僧傳

◎ 宋人写经 续高僧传 局部

据续高僧传，昙伦卒于武德末年，年八十余。则其生年必在魏末世。故以时代先后论，神秀、慧能之偈必从此脱胎，可无疑义。芭蕉为南方繁茂之植物，而北地不恒见。端禅师因易以北地日常服食之葱，可谓能近取譬者也。若复易以“冬夏不凋，光鲜无变”之菩提宝树，则比拟不伦，失其本旨矣。盖昙伦学禅故事，原谓本来无葱，故无可剥。本来无心，故无可系。身心并举，比拟既切，语意亦完。今神秀、慧能之偈仅得关于心者之一半。其关于身之一半，以文法及文意言，俱不可通。然古今传诵，以为绝妙好词，更无有疑之者，岂不异哉！予因分析偈文内容，证以禅门旧载，为之说明。使参究禅那之人，得知今日所传唐世曹溪顿派，匪独其教义宗风溯源于先代，即文词故实亦莫不掇拾前修之绪余，而此半通半不通之偈文是其一例也。

（原载一九三二年清华学报第七卷第二期）

西游记玄奘弟子故事之演变

印度人为最富于玄想之民族，世界之神话故事多起源于天竺，今日治民俗学者皆知之矣。自佛教流传中土后，印度神话故事亦随之输入。观近年发现之敦煌卷子中，如维摩诘经文殊问疾品演义诸书，益知宋代说经，与近世弹词章回体小说等，多出于一源，而佛教经典之体裁与后来小说文学，盖有直接关系。此为昔日吾国之治文学史者，所未尝留意者也。

僧祐出三藏记集卷九贤愚经记云：

河西沙门释昙学成威德等凡有八僧，结志游方，远寻经典，于于阗大寺遇般遮于瑟之会。般遮于瑟者，汉言五年一切大众集也。三藏诸学各弘法宝，说经讲律依业而教。学等八僧随缘分听，于是竞习胡音，析以汉义。精思通译，各书所闻。还至高昌，乃集为一部。

据此，则贤愚经者，本当时昙学等八僧听讲之笔记也。今检其内容，乃一杂集印度故事之书。以此推之，可知当日中央亚细亚说经，例引故事以阐经义。此风盖导源于天竺，后渐及于东方。故今大藏中法句譬喻经等之体制，实印度人解释佛典之正宗。此土释经著述，如天台诸祖之书，则已中国化，固与印度释经之著作有异也。夫说经多引故事，而故事一经演讲，不得不随其说者听者本身之程度及环境，而生变易，故有原为一故事，而歧为二者，亦有原为二故事，而混为一者。又在同一事之中，亦可以甲人代乙人，或在同一人之身，亦可易丙事为丁事。若能溯其本源，析其成分，则可以窥见时代之风气，批评作者之技能，于治小说文学史傥亦一助欤？

鸠摩罗什译大庄严经论卷三第十五故事，难陀王说偈言：

昔者顶生王。将从诸军众。并象马七宝。悉到于天上。罗摩造草桥。得至楞伽城。吾今欲升天。无有诸梯隥。次诣楞伽城。又复无津梁。

寅恪案，此所言乃二故事，一为顶生王升天因缘，见于康僧会译六度集经卷四第四十故事、涅盘经圣行品、中阿含经卷十一王相应品四洲经、元魏吉迦夜昙曜共译之付法藏因缘传卷一、鸠摩罗什译仁王般若波罗蜜经下卷、不空译仁王护国般若波罗蜜经护国品、法炬译顶生王故事经、昙无谶译文陀竭王经、施护译顶生王因缘经及贤愚经卷十三等。梵文Divyāvadāna

第十七篇亦载之，盖印度最流行故事之一也。兹节录贤愚经卷十三顶生王缘品第六十四之文如下：

【顶生王】意中复念，欲生忉利，即与群众蹈虚登上。时有五百仙人住在须弥山腹，王之象马屎尿落污仙人身。诸仙相问，何缘有此？中有智者告众人言，吾闻顶生欲上三十三天，必是象马失此不净。仙人忿恨，使结神咒，令顶生王及其人众悉住不转。王复知之，即立誓愿，若我有福、斯诸仙人悉皆当来，承供所为。王德弘博，能有感致，五百仙人尽到王边，扶轮御马，共至天上。未至之顷，遥睹天城，名曰快见，其色皦白，高显殊特。此快见城有千二百门，诸天惶怖，悉闭诸门，着三重铁门。顶生王兵众直趋不疑，王即取贝吹之，张弓扣弹，千二百门一时皆开。帝释寻出，与共相见，因请入宫，与共分坐。天帝人王貌类一种，其初见者，不能分别，唯以眼眴迟疾知其异耳。王于天上受五欲乐，尽三十六帝，末后帝释是大迦叶。时阿修罗王兴军上天，与帝释斗。帝释不如。顶生复出，吹贝扣弓，阿修罗王即时崩坠。顶生自念，我力如是，无有等者。今与帝释共坐何为？不如害之，独霸为快。恶心已生，寻即堕落，当本殿前，委顿欲死。诸人来问，若后世问顶生王云何命终，何以报之？王对之曰，若有此问，便可答之，顶生王者由贪而死，统领四域四十亿岁，七日雨宝，及在二天，而无厌足，故致坠落。

此闹天宫之故事也。

又印度最著名之记事诗罗摩延传第六编，工巧猿名Nala者，造桥渡海，直抵楞伽。此猿猴故事也。盖此二故事本不相关涉，殆因讲说大庄严经论时，此二故事适相连接，讲说者有意或无意之间，并合闹天宫故事与猿猴故事为一，遂成猿猴闹天宫故事。其实印度猿猴之故事虽多，猿猴而闹天宫，则未之闻。中国亦有猿猴故事，然以吾国昔时社会心理，君臣之伦，神兽之界，分别至严。若绝无依借，恐未必能联想及之。此西游记孙行者大闹天宫故事之起源也。又义净译根本说一切有部毗奈耶杂事卷三佛制苾刍发不应长因缘略云：

时具寿牛卧在憍闪毗国，住水林山出光王园内猪坎窟中。后于异时，其出光王于春阳月，林木皆茂，鹅雁鸳鸯鹦鹉舍利孔雀诸鸟，在处哀鸣，遍诸林苑。出光王命掌园人曰，汝今可于水林山处，周遍芳园，皆可修治。除众瓦砾，多安净水，置守卫人。我欲暂住园中游戏。彼人敬诺，一依王教。既修营已，还白王知。时彼王即便将诸内官以为侍从，往诣芳园。游戏既疲，偃卧而睡。时彼内人，性爱花果，于芳园里随处追求。时牛卧苾刍须发皆长，上衣破碎，下裙垢恶，于一树下跏趺而坐。宫人遥见，各并惊惶，唱言：有鬼!有鬼！苾刍即往入坎窟中。王闻声已，即便睡觉，拔剑走趁。问宫人曰，鬼在何处？答曰，走入猪坎窟中。时王闻已，行至窟所，执剑而问，汝是何物？答言，大王！我是沙门。王曰，是何沙门？答曰，释迦子。问言汝得阿罗汉果耶？答言不得。汝得不还，一来，预流果耶？答言不得。且置斯事，汝得初定，乃至四定？

答并不得。王闻是已，转更瞋怒，告大臣曰，此是凡人，犯我宫女，可将大蚁填满窟中，蜇螫其身。时有旧住天神近窟边者，闻斯语已，便作是念：此善沙门，来依附我，实无所犯，少欲自居。非法恶王，横加伤害。我今宜可作救济缘。即自变身为一大猪，从窟走出。王见猪已，告大臣曰，可将马来，并持弓箭。臣即授与，其猪遂走，急出花园。王随后逐。时彼苾刍，急持衣钵，疾行而去。

西游记猪八戒高家庄招亲故事，必非全出中国人臆撰，而印度又无猪豕招亲之故事，观此上述故事，则知居猪坎窟中，须发蓬长，衣裙破垢，惊犯宫女者，牛卧苾刍也。变为大猪，从窟走出，代受伤害者，则窟边旧住之天神也。牛卧苾刍虽非猪身，而居猪坎窟中，天神又变为猪以代之，出光王因持弓乘马以逐之，可知此故事中之出光王，即以牛卧苾刍为猪。此故事复经后来之讲说，憍闪毗国之憍，以音相同之故，变为高家庄之高。惊犯宫女，以事相类似之故，变为招亲。辗转代易，宾主淆混。指牛卧为猪精，尤觉可笑。然故事文学之演变，其意义往往由严正而趋于滑稽，由教训而变为讥讽，故观其与前此原文之相异，即知其为后来作者之改良。此西游记猪八戒高

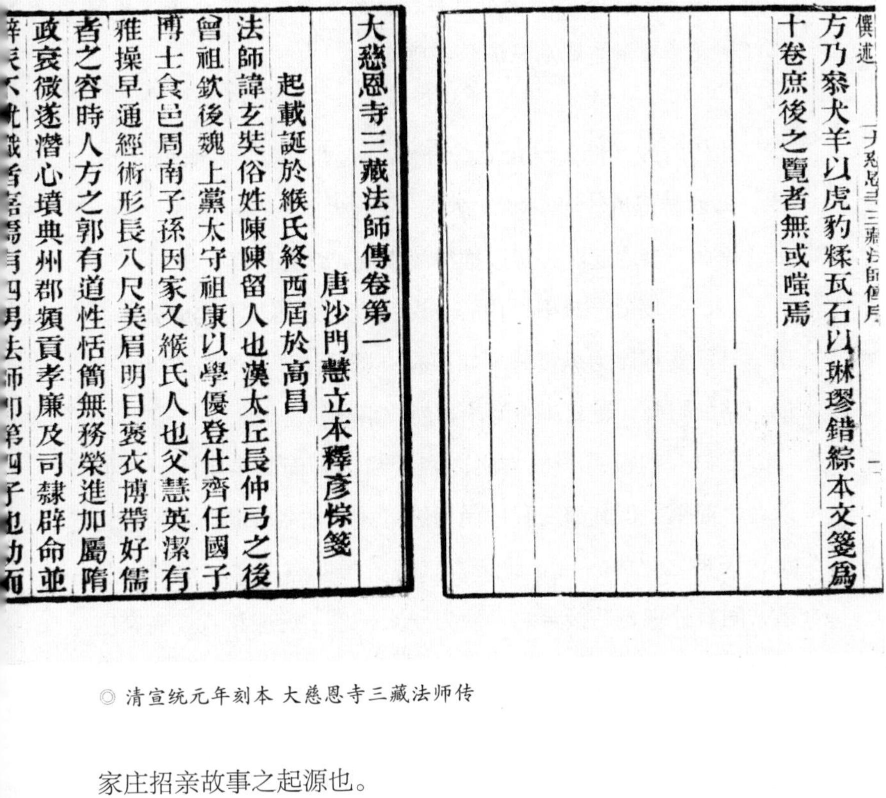
僎述
方乃豢犬羊以虎豹糅瓦石以琳璆錯綜本文箋爲
十卷庶後之覽者無或嗤焉

大慈恩寺三藏法師傳卷第一
唐沙門慧立本釋彥悰箋
起載誕於緱氏終西屆於高昌
法師諱玄奘俗姓陳陳留人也漢太丘長仲弓之後
曾祖欽後魏上黨太守祖康以學優登仕齊任國子
博士食邑周南子孫因家又緱氏人也父慧英潔有
雅操早通經術形長八尺美眉明目褒衣博帶好儒
者之容時人方之郭有道性恬簡無務榮進加屬隋
政衰微遂潛心墳典州郡頻貢孝廉及司隸辟命並
辭疾不就識者嘉焉有四男法師即第四子也幼而

◎ 清宣统元年刻本 大慈恩寺三藏法师传

家庄招亲故事之起源也。

又慈恩法师传卷一云：

莫贺延碛长八百余里，古曰沙河。上无飞鸟，下无走兽，复无水草。是时顾影，唯一心但念观音菩萨及般若心经。初法师在蜀，见一病人身疮臭秽，衣服破污，愍将向寺，施与衣服饮食之直。病者惭愧，乃授法师此经。因常诵习。至沙河间，逢诸恶鬼，奇状异类，绕人前后，虽念观音，不能令去，及诵此经，发声皆散。在危获济，实所凭焉。

此传所载，世人习知（近人上海古籍版为“近人”西游记考证亦引之），即西游记流沙河沙和尚故事之起源也。

据此三者之起源，可以推得故事演变之公例焉。

一曰：仅就一故事之内容，而稍变易之，其事实成分殊简单，其演变程序为纵贯式。如原有玄奘度流沙河逢诸恶鬼之旧说，略加附会，遂成流沙河沙和尚故事之例是也。

二曰：虽仅就一故事之内容变易之，而其事实成分不似前者之简单，但其演变程序尚为纵贯式。如牛卧苾刍之惊犯宫女，天神之化为大猪。此二人二事，虽互有关系，然其人其事，固有分别，乃接合之，使为一人一事，遂成猪八戒高家庄招亲故事之例是也。

三曰：有二故事，其内容本绝无关涉，以偶然之机会，混合为一。其事实成分，因之而复杂。其演变程序，则为横通式。如顶生王升天争帝释之位，与工巧猿助罗摩造桥渡海，本为各自分别之二故事，而混合为一。遂成孙行者大闹天宫故事之例是也。

又就故事中主人之构造成分言之，第三例之范围，不限于一故事，故其取用材料至广。第二例之范围，虽限于一故事，但在一故事中之材料，其本属于甲者，犹可取而附诸乙，故其取材尚不甚狭。第一例之范围则甚小，其取材亦因而限制，此故事中原有之此人此事，虽稍加变易，仍演为此人此事。今西游记中玄奘弟子三人，其法宝神通各有等级。其高下之分别，乃其故事构成时，取材范围广狭所使然。观于上述三故事之起源，可以为证也。

寅恪讲授佛教翻译文学，以西游记玄奘弟子三人，其故事适各为一类，可以阐发演变之公例，因考其起源，并略究其流别，以求教于世之治民俗学者。

（原载于一九三〇年历史语言研究所集刊第二本第二份）

敦煌本唐梵翻对字音般若波罗蜜多心经跋

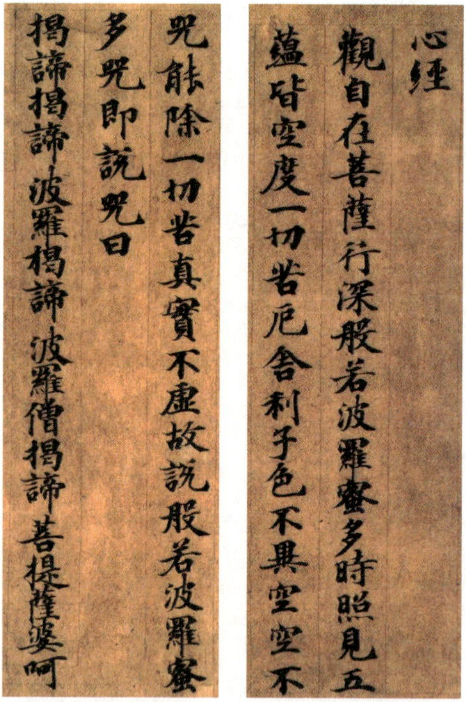

◎ 敦煌本般若波罗蜜多心经 局部 伦敦博物馆藏

伦敦博物馆藏敦煌本唐梵翻对字音心经一卷，前有序文，题：

西京大兴善寺石壁上录出，慈恩和尚奉昭（诏）述。

序文后附不空译莲花部等普赞三宝梵文对音一节。又经名题下注云：

观自在菩萨与三藏法师玄奘亲教授梵本，不润色。

寅恪尝取此本与今存诸梵文本及译本校读一过，其异同已别于学校讲授时详言之。兹不赘述。惟此本对音，自“尾儞也乞叉喻”至“只哆啰拏”一节重复，当是传写之误。而梵文对音下所注之中文，意义往往讹舛，句读离析，亦多未当。又与玄奘译本之文详略互异，其非出于华梵兼通之大法师如慈恩其人者，固不待言。疑此本梵文对音，虽受自西僧，而此土学侣取汉译之义，逐字注之，以不解梵语文法，故多谬误也。此本心经之序，既称录自西京大兴善寺，而译莲花部等普赞三宝梵文对音之不空，即居于此寺。今本又列对音三宝赞于此本心经序文及本文之间。或者对音三宝赞与此本心经俱出于不空之手欤？

序文中所记此经传授始末，颇为诡异，似不可信，然亦有所本。大慈恩寺三藏法师传卷第一云：

莫贺延碛长八百余里，古曰沙河。上无飞鸟，下无走兽，复无水草。是时顾影，唯一心但念观音菩萨及般若心经。初法师在蜀，见一病人身疮臭秽，衣服破污，愍将向寺，施与衣服饮食之直。病者惭愧，乃授法师此经。因常诵习。至沙河间，逢诸恶鬼，奇状异类，遶人前后，虽念观音，不能令去，及诵此经，发声皆散。在危获济，实所凭焉。

可知奘公与此经原有一段因缘。若序文中所言观音化身，保卫行途，取经满愿，后复于中天竺摩竭陀阈那烂陀寺，现身升空等灵异，则皆后来附益演变之神话故事，即唐三藏取经诗话，销释真空宝卷，西游记等书所从出也。

又陆放翁入蜀记伍云：

（乾道五年九月）十三日泊柳子，夜过全证二僧舟中，听诵梵语般若心经。此经惟蜀僧能诵。

据此，西蜀实有梵语般若心经之本，必为前代传授之旧，至南宋时僧徒犹能讽诵。然则慈恩之受梵本心经于成都，未尝不可信。其度碛所遇鬼怪，乃沙漠空气之幻影。今日旅行其地者，往往见之，固无足异也。

寅恪所见敦煌本中文金光明经冥报传（合肥张氏所藏）西夏文之译本（北平图书馆藏）及畏兀吾文译本（俄国科学院佛教丛书第

◎ 敦煌－第1号窟 祭台前方雕塑

十七种），皆取以冠于本经之首。吐蕃文金刚经冥报传（一九二四年普鲁士科学院哲学历史组第十七报告），虽残阙不完，以体例推之，应亦相同。斯盖当时风尚，取果报故事与本经有关者，编列于经文之前，以为流通之助。由是言之，此本心经序文，历叙姻缘，盛谈感应，乃一变相之冥报传。实考证玄奘取经故事之重要材料，殊未可以寻常经典序文目之也。复次，太平广记卷一百二至卷一百八十报应类一至七金刚经条，卷一百九报应类八法华经条，卷一百一十至卷一百一十一报应类九观音经条等故事，当皆取自金刚经、法华经、观音经卷首之序文而别行者。寅恪初不知广记诸条之来源，兹因读此敦煌卷子，始豁然通解，故并附及之，以告世之研究小说源流者。

（原载国学论丛第二卷第二期）

附记

俞樾春在堂随笔九云：

般若波罗蜜多心经云，色不异空，空不异色。色即是空，空即是色。余谓既云不异，不必更云即是矣。诵此经者，人人皆以此四句为精语，实复语也。及读世说文学篇注引支道林即色论妙观章云，夫色之性也，不自有色，色不自有，虽色而空。故曰，色即为空，色复异空。此二句语简而意赅，疑经文本云，色即是空，空即是色。色复异空，空复异色。盖即金刚经非法非非法之旨。所谓无实无虚也。余于金刚经注言之详矣。译者误耳。

寅恪案，今心经梵文原本尚存，“色不异空”一节，共有六句。玄奘译为四句，已从省略。盖宣传宗教，不厌重复。梵文诸经本中，往往有Peyala或作Pya. 即重诵三遍之意。曲园先生精通中国训诂古文章句之学，此条乃拘于中文范围，故有此误说耳。时代囿人，不足为病也。

（一九六五年六月）

敦煌本心王投陀经及法句经跋尾

◎ 敦煌-第70号窟 左侧前壁

伦敦博物馆藏敦煌写本斯坦因第二四七四号佛为心王菩萨说投陀经卷上一卷五阴山室寺禅师惠辩注及斯坦因第二〇二一号佛说法句经一卷。又巴黎国民图书馆藏敦煌写本伯希和第二三二五号法句经疏一卷，今俱刊入大正续藏疑似部中，寅恪取阅之，了无精义，盖伪经之下品也。检唐道宣大唐内典录拾历代所出疑伪经录（唐智升开元释教录卷十八伪妄乱真录同）载有：

法句经两卷（下卷宝明菩萨）。

其宝明菩萨之语，与此法句经所载符会，然则经文虽伪撰，而李唐初叶即已流行民间矣。

又铁琴铜剑楼本白氏文集二和答（元微之）诗十首之一和思归乐云：

身委逍遥篇，心付头陁经。

同书卷十四和（元微之）梦游春诗一百韵结句云：

法句与心王，期君日三复。

自注云：

微之常以法句及心王头陀经相示，故申言以卒其志也。

寅恪昔日读白诗至此，以未能得其确诂为憾。今见此佚籍，始知白诗之心王头陀经即敦煌写本之佛为心王菩萨说头陀经，至其所谓法句经，即敦煌写本之伪法句经，复是一伪书，而非今佛藏所收吴晋以来相传之旧本也。特为记之，以告同读香山诗者，此或亦今日老妪之所不能解者欤？

（原载一九三九年历史语言研究所集刊第八本第一份）

敦煌本维摩诘经文殊师利问疾品演义跋

上虞罗氏所刊敦煌零拾中有佛曲三种，其二为维摩诘经文殊问疾品演义。寅恪案，佛典制裁长行与偈颂相间，演说经义自然仿效之，故为散文与诗歌互用之体。后世衍变既久，其散文体中偶杂以诗歌者，遂成今日章回体小说。其保存原式，仍用散文诗歌合体者，则为今日之弹词。此种由佛经演变之文学，贞松先生特标以佛曲之目。然古杭梦余录武林旧事等书中本有说经旧名，即演说经义，或与经义相关诸平话之谓。敦煌零拾之三种佛曲皆属此体，似不如径称之为演义，或较适当也。今取此篇与鸠摩罗什译维摩诘所说经原文互勘之，益可推见演义小说文体原始之形式，及其嬗变之流别，故为中国文学史绝佳资料。考佛教初起，其教徒本限于出家之僧侣，后来传布既广，渐推及于在家之居士。北魏吉迦夜昙曜共译之杂宝藏经卷九难陀王与那伽斯那共论缘云：

王复问言：出家在家，何者得道？斯那答言：二俱得道。王复问言：若俱得道，何必出家？斯那答言：譬如此去三千余里，若遣少健，乘马赍粮，捉于器仗，得速达不？王答言：

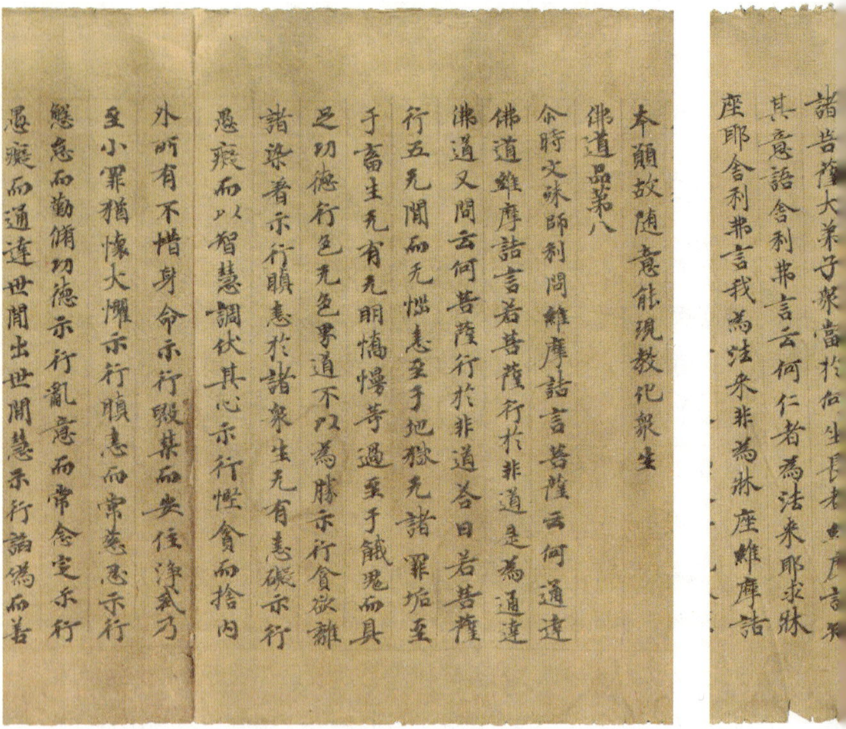

諸菩薩大弟子眾當於何坐長者
其意語舍利弗言云何仁者為法來耶求牀
座耶舍利弗言我為法來非為牀座維摩詰

本願故隨意能現教化眾生
佛道品第八
尒時文殊師利問維摩詰言菩薩云何通達
佛道維摩詰言若菩薩行於非道是為通達
佛道又問云何菩薩行於非道答曰若菩薩
行五无間而无惱恚至于地獄无諸罪垢至
于畜生无有无明憍慢等過至于餓鬼而具
足功德行色无色界道不以為勝示行貪欲離
諸染著示行瞋恚於諸眾生无有恚礙示行
愚癡而以智慧調伏其心示行慳貪而捨內
外所有不惜身命示行毀禁而安住淨戒乃
至小罪猶懷大懼示行瞋恚而常慈忍示行
懈怠而勤脩功德示行亂意而常念定示行
愚癡而通達世間出世間慧示行諂偽而善

◎ 敦煌写经维摩诘经卷第二 局部 英国大英图书馆藏

得。斯那复言：若遣老人，乘于疲马，复无粮食，为可达不？王言：纵令赍粮，犹恐不达，况无粮也。斯那言：出家得道，喻如少壮，在家得道，如彼老人。

据此，则同为佛教信徒，出家在家之间，未尝无阶级高下

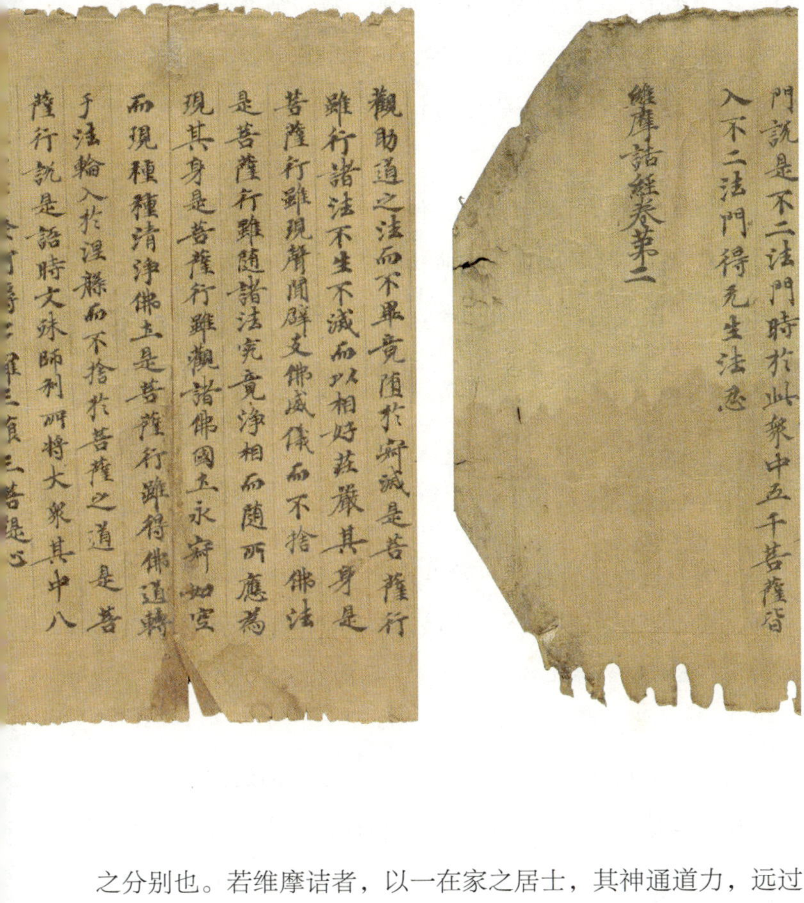

之分别也。若维摩诘者，以一在家之居士，其神通道力，远过于诸菩萨声闻等。佛遣其大弟子及弥勒佛等往问其疾，竟皆辞避而不敢往。舍利弗者，佛弟子中智慧第一之人。维摩诘宅神之天女以智辩窘之，甚至故违沙门戒法，以香华散着其身，虽以神力去之而不得去，复转之使为女身。然则净名之宅神，与

释迦之大弟子，其程度高下有如是者。故知维摩诘经之作者，必为一在家居士，对于出家僧侣，可谓尽其玩弄游戏之能事，实佛藏中所罕见之书也。唐复礼十门辩惑论通力上感门云：

窃见维摩神力，掌运如来，但十地之观，尚隔罗縠，如何一掌之内，能容十号之尊乎？非独以卑移尊，于理非顺，实亦佛与菩萨，岂无等差，如有等差，安能运佛？如无等差，何须成佛也。

又云：

维摩罗诘者，示居家而弘道，不思议道利用无方，是以五百声闻，咸辞问疾；八千菩萨，莫能造命。弥勒居一生之地，服其悬解；文殊是众佛之师，谢其真入。

观此，可知维摩诘经记其书中主人之神通道力，逾越恒量，故与其他经典冲突，宜乎复礼释权无二之十疑以之为首也。夫大乘佛典之编纂，本后于小乘，而维摩诘经者，又为更后一期之著作。否则在家居士岂能凌驾出家僧侣之上，如净名经之所纪者乎？盖当此经成书之时，佛教经典之撰著，已不尽出于出家僧侣之手，即在家居士，亦有从事于编纂者，斯其明证也。维摩诘故事在印度本国之起源，不可详考。玄奘大唐西域记卷七云：

吠舍厘国有窣堵波，是毗摩罗诘故宅基址，多有灵异。去此不远，有一神舍，其状垒砖，传云积石，即无垢称长者现疾说法之处云。去此不远有窣堵波，长者子宝积故宅也。

又法苑珠林卷二十九圣迹部略云：

寺东北四里许有塔，是维摩故宅基，尚多灵神。其舍垒砖，传云积石，即是说法现疾处也。于大唐显庆年中敕使卫长史王玄策因向印度，过净名宅，以笏量基，止有十笏，故号方丈之室也。并长者宝积宅，庵罗女宅，佛姨母入灭处，皆立表记。

凡地方名胜古迹，固不尽为历史事实，亦有依托附会者。但依托附会之名胜古迹，要须此故事或神话先已传播于社会，然后始能产生。据玄奘之记载，可知维摩诘故事，在印度当时，必极流行之故事也。今仅于中文之数据考之，亦可略见其在印度本国变迁滋乳之始末焉。

维摩诘经梵本今日或尚存在，以未得见，故不置论。藏文正藏中有法戒译圣无垢称所说大乘经六卷，共十三品，其书译于中国北宋之世。中文先后凡数译，即后汉严佛调译古维摩经一卷，今佚。吴支谦译维摩诘说不思议法门经二卷，今存。西晋竺法护译维摩诘所说法门经一卷，今佚。西晋竺叔兰译毗摩罗诘经三卷，今佚。后秦鸠摩罗什译维摩诘所说经三卷，今存。及唐玄奘译说无垢称经六卷，今存。自后汉至北宋时将千载，而此经屡经移译，则梵文原本流传不绝，广布人间，可以推知。然此但就维摩诘居士本身，及维摩诘经本经言之耳。此经鸠摩罗什译本佛道品云：

尔时会中有菩萨名普现色身问维摩诘言：居士父母妻子亲戚眷属吏民智识悉为是谁？奴婢僮仆象马车乘皆何所在？

于是维摩诘以偈答曰：

智度菩萨母，方便以为父，一切众导师，无不由是生。法喜以为妻，慈悲心为女，善心诚实男，毕竟空寂舍。弟子众尘劳，随意之所转，道品善知识，由是成正觉。诸度法等侣，四摄众伎女，歌咏诵法言，以此为音乐。

据此，是此经作者之原意，维摩诘居士实无眷属，故于方便品虽言其现有眷属，而佛道品则将其父母妻子悉托之抽象名词，绝非谓具体之人也。而今大藏中有西晋竺法护译佛教大方等顶王经，一名维摩诘子问经一卷，梁月婆首那译大乘顶王经一卷，隋耆那崛多译善思童子经二卷，皆记维摩诘子事，是维摩诘实有子矣。大藏中复有隋耆那崛多译月上女经二卷，记维摩诘女月上事，是维摩诘实有女矣。又月上女经卷上云："其人（指维摩诘言）有妻，名曰无垢。"是维摩诘实有妻矣。诸如此类，皆维摩诘故事在印度本土自然演化滋乳之所致，而自翻译输入中国之后，其变迁程序亦有相似之迹象焉。

隋吉藏净名玄论卷二云：

佛譬喻经云：净名姓硕（？），名大仙，王氏。别传云：姓雷氏，父名那提，此云智基（慕）。母姓释氏，名喜，年十九嫁。父年二十三婚，至二十七于提婆罗城内生维摩。维摩有子字曰善思，甚有父风，佛授其记，未来作佛。别有维摩子经一卷，可寻之也。

又嘉祥维摩诘经义疏卷一云：

旧传云：佛譬喻经说，净名姓王氏。别传云：姓雷氏。祖名大仙。父曰那提，此云智慕。母姓释氏，字喜，十九嫁。父二十三婚。子曰善思，甚有父风，如来授记，未来作佛。吉藏未得彼经文也。

又唐复礼十门辩惑论通力上感门末云：

亦将金粟之名，传而有据者也。

下注云：

吉藏师云：金粟事出思惟三昧经，自云未见其本。今检诸经目录，无此经名。窃谓西国有经，东方未译者矣。

又文选王简栖头陀寺碑文云：

金粟来仪。

李善注云：

发迹经曰：净名大士是往古金粟如来。

寅恪案，唐道宣续高僧传卷十一吉藏传云：

在昔陈隋废兴，江阴凌乱，道俗波迸，各弃城邑，乃率其所属，往诸寺中，但是文疏，并皆收聚，置于三间堂内。及平定后，方洮简之，故目学之长，勿过于藏。

然则嘉祥为当时最博雅之大师，而关于维摩诘之经典，如佛譬喻经及思惟三昧经皆所未见，即最流行之金粟如来名词，复不知所出。李崇贤文选注所引之发迹经，今已不存，疑与佛譬喻经等为同类之书，亦嘉祥之所未见。因知此类经典，所记姓氏，如王氏雷氏等，必非印度所能有，显出于中国人之手，非译自梵文原经。虽流布民间，而不列于正式经典之数。所以一代博洽之学人，亦不得窥见。盖维摩诘经本一绝佳故事，自译为中文后，遂盛行于震旦。其演变滋乳之途径，与其在天竺本土者，不期而闇合。即原无眷属之维摩诘，为之造作其祖及父母妻子女之名字，各系以事迹，实等于一姓之家传，而与今日通行小说如杨家将之于杨氏，征东征西之于薛氏，所记内容，虽有武事哲理之不同，而其原始流别及变迁滋乳之程序，颇复相似。若更推论之，则印度之顶王经月上女经，六朝之佛譬喻经思惟三昧经等，与维摩诘经本经之关系，亦犹说唐小英雄传小五义以及重梦后传之流，与其本书正传之比。虽一为方等之圣典，一为世俗之小说，而以文学流别言之，则为同类之著作。然此袛可为通识者道，而不能喻于拘方之士也。当六朝之世，由维摩诘故事而演变滋乳之文学，有印度输入品与中国自制品二者，相对并行。外国输入者，如顶王经等，至今流传不绝。本土自制者，如佛譬喻经等，久已湮没无闻。以同类之书，千岁而后，其所遭际殊异至此，诚可谓有幸有不幸者矣。

尝谓吾小学说，大抵为佛教化。六朝维摩诘故事之佛典，实皆哲理小说之变相。假使后来作者，复递相仿效，其艺术得

◎ 敦煌－第1号窟 左侧前壁[1]

以随时代而改进，当更胜于昔人。此类改进之作品，自必有以异于感应传冥报记等滥俗文学。惜乎近世小说虽多，与此经有关系者，殊为罕见。岂以中华民族素乏幽渺之思，净名故事纵盛行于一时，而陈义过高，终不适于民族普通心理所致耶？或谓禅宗语录并元曲中庞居士及其女灵照故事，乃印度哲理化之

1 主室东壁门南。莫高窟晚唐第138窟维摩诘经变。维摩诘经变自初唐第220窟以来一般画于洞窟主室东壁门两侧，分别以“问疾品”中的维摩诘和文殊为中心。

中国作品，但观其内容，摹拟过甚，殊有生吞活剥之嫌，实可视为用中国纺织品裁制之“布拉吉”。东施效颦，终为识者所笑也。他若维摩诘故事之见于美术品者，若杨惠之之所塑（凤翔天柱寺），即苏子瞻之所咏，今已不可得见。然敦煌画本，尚在人间（伯希和敦煌摄影集第一册第十一片），云岗石刻，犹存代北，（云岗石刻有维摩诘示疾像。）当时文化艺术借以想象推知，故应视为非文字之史料，而与此演义残卷，可以互相印证发明者也。

又北京图书馆藏敦煌卷子中有维摩诘经菩萨品持世菩萨对佛不任问疾一节，俗文一卷及维摩诘经颂一卷。后者以五言律句十四首，分咏全经各品之义，未知何人所作，亦维摩诘经之附属文学也。附识于此，以俟考证焉。

（原载一九三〇年历史语言研究所集刊第二本第一份）

敦煌石室写经题记汇编序

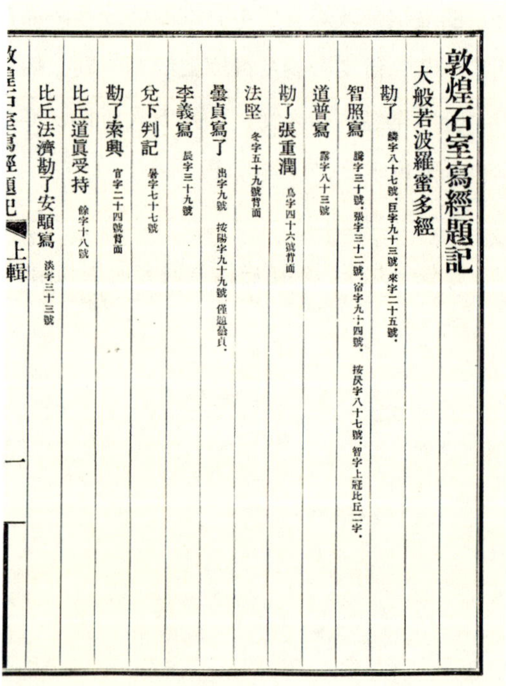
敦煌石室寫經題記
大般若波羅蜜多經
勘了 鱗字八十七號，巨字九十三號，來字二十五號．
智照寫 騰字三十號，張字三十二號，宿字九十四號． 按昃字八十七號，智字上冠比丘二字．
道普寫 露字八十三號
勘了張重潤 鳥字四十六號背面
法堅 冬字五十九號背面
曇貞寫了 出字九號 按陽字九十九號 僅題曇貞．
李義寫 長字三十九號
兌下判記 暑字七十七號
勘了索興 官字二十四號背面
比丘道眞受持 餘字十八號
比丘法濟勘了安題寫 淡字三十三號
敦煌石室寫經題記 上輯 一

◎ 敦煌石室写经题记

北京图书馆以所辑敦煌石室写经题记汇编来征序于寅恪。寅恪受而读之，以为敦煌写本之有题记者不止佛教经典，而佛教经典之有题记者此编所收亦尚未尽，然即取此编所收诸卷题记之著有年月地名者，与南北朝隋唐之史事一参究之，其关系当时政治之变迁及佛教之情况者，约有二事，可得而言：一则足供证明，一则仅资谈助，请分别陈之。

此编所收写经题记之著有年号者，上起西晋，下迄北宋，前后近七百年，而其中属于杨隋一朝及唐高宗武则天时代者，以比例计之，最居高位。隋书卷三十五经籍志佛经类总序（通鉴卷一七五陈宣帝纪太建十三年条同）云：

开皇元年，高祖普诏天下，任听出家，仍令计口出钱，营造经像。而京师及并州相州洛州等诸大都邑之处，并官写一切经，置于寺内，而又别写藏于秘阁。天下之人从风而靡，竞相景慕，民间佛经多于六经数十百倍。

寅恪案，杨氏有国不及四十年，而此编所收写经题记之著有开皇仁寿大业之年号者，凡三十有六种。故知史氏谓当时“民间佛经多于六经数十百倍”，实非夸大之词。李唐开国，高祖太宗颇不崇佛。唐代佛教之盛，始于高宗之世。此与武则天之母杨氏为隋代观王雄之后有关。武周革命时，尝借佛教教义，以证明其政治上特殊之地位。盖武曌以女身而为帝王，开中国有史以来未有之创局，实为吾国政治史中一大公案。寅恪昔已详论（见拙著“武曌与佛教”），兹不复赘。今观是编所收写经题记，著有唐高宗武则天之年号者，若是之众，亦可征当时佛教之盛，所谓足供证明者是也。又是编所收写经题记，其著有中国南方地名或南朝年号者，前后七百年间仅得六卷。（敦煌本古逸经论章疏并古写经目录尚有天监十一年写摩诃般若波罗蜜经为此编所未收。吴越钱氏舍入西关砖塔之宝箧印陀罗尼经实出现在南方，不应与其他西北出土诸经并列，故不置论。又是编所收尚有其他西北诸地如吐峪沟等所出经卷，若严格论之，亦非“敦煌石室”一名所能概括。然则是编之题“敦煌石室写经”者，盖就其主要部分北京图书馆所藏者言之耳。恐读者误会，特为声明其义于此。）除南齐武帝永明元年所译之佛说普贤经一卷外（此编误题为妙法莲华经），其余诸卷皆书于梁武帝之世，而其中天监五年所写之大涅盘经特著明造于荆州。论者谓永明之世，佛教甚盛，梁武尤崇内法，而江左篇章之盛，亦无踰梁时（见广弘明集卷三阮孝绪七录序。），则齐梁时代写经必多。南朝写经可因通常南北交通之会，流入北地，其事固不足异。又后梁为西魏周隋之附庸者三十余载。襄阳之地，既在北朝西部统属之下如是之久，则南朝写经之因以辗转流入西北，亦非甚难也。寅恪以为此说虽是，然犹有未能尽解释者。盖如论者之说，南朝所写诸经，既可因通常南北交通之会，流入北地，又经后梁属境转至西北，亦非难事，则南朝帝王年号之在梁武以后者，与夫隋唐统一时代，南方郡邑之名，何以全不见于此编所收写经题记之中？（此编惟仁寿元年所写摄论疏有辰州崇敬寺之语，可指为隋代南方地名之题记，但此题记残缺不完，尚有疑义，亦未能断定也。此文成后十年，承赵万里先生告以“辰”字当是“瓜”字之误认。赵说甚是。积岁疑滞，一旦冰释。附识于此，以表钦服感谢之意。）夫陈及隋唐，中国南方佛教依然盛行，其所写经卷，竟不因通常南北交通之会，流至西北，是何故耶？且后梁君临襄土三十余载，祖孙三世佛教信仰未尝少替，则其封

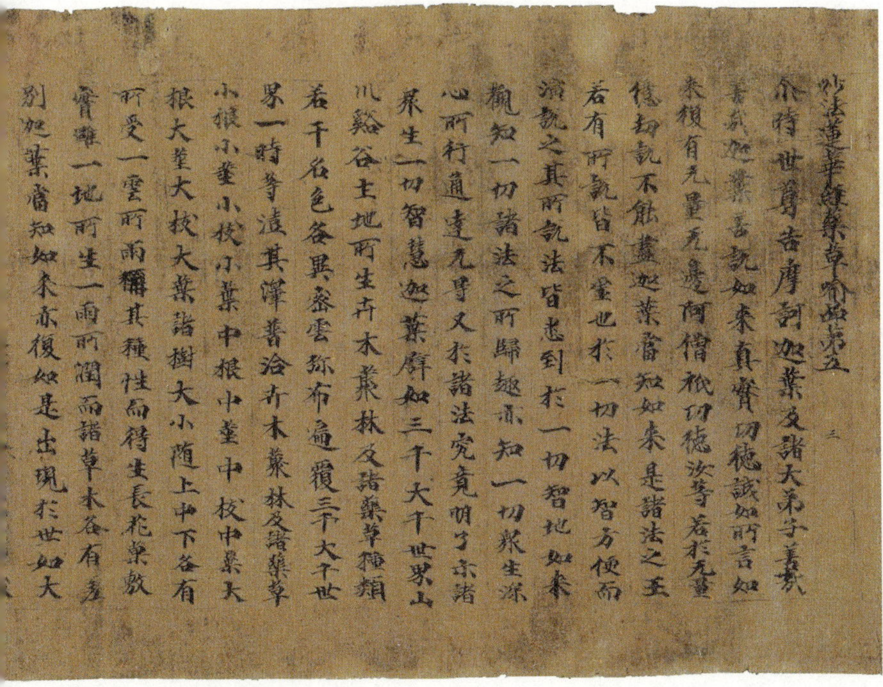
妙法蓮華經藥草喻品第五
尒時世尊告摩訶迦葉及諸大弟子善哉
善哉迦葉善說如來真實功德誠如所言如
來復有无量无邊阿僧祇功德汝等若於无量
億劫說不能盡迦葉當知如來是諸法之王
若有所說皆不虛也於一切法以智方便而
演說之其所說法皆悉到於一切智地如來
觀知一切諸法之所歸趣亦知一切衆生深
心所行通達无㝵又於諸法究竟明了示諸
衆生一切智慧迦葉譬如三千大千世界山
川谿谷土地所生卉木叢林及諸藥草種類
若干名色各異密雲彌布遍覆三千大千世
界一時等澍其澤普洽卉木叢林及諸藥草
小根小莖小枝小葉中根中莖中枝中葉大
根大莖大枝大葉諸樹大小隨上中下各有
所受一雲所雨稱其種性而得生長花菓敷
實雖一地所生一雨所潤而諸草木各有差
別迦葉當知如來亦復如是出現於世如大

◎ 敦煌遗书 妙法莲华经

内所写佛经，自应不鲜，何以其三世之年号（此编有天保一年所写妙法莲华经一卷，当是北齐高洋之天保，非后梁萧岿之天保也。）与其封内地名连文者，亦不于此编少留迹象乎？由此观之，恐尚别有其故也。兹姑妄作一假设，以解释之。北齐书卷三十崔暹传（北史卷三十二崔挺传附暹传同）云：

魏梁通和，要贵皆遣人随聘使交易，暹惟寄求佛经。梁武帝闻之，为缮写，以幡花宝盖赞呗送至馆焉。

道宣续高僧传卷十三吉藏传略云：

王又于京师置日严寺，（寅恪案，“王”指晋王即隋炀帝。）别教延藏，往彼居之。欲使道振中原，行高帝壤。既初登辇，道俗云奔。在昔陈隋废兴，江阴凌乱，道俗波迸，各弃城邑，乃率其所属，往诸寺中，但是文疏，并皆收聚，置于三间堂内。及平定后，方洮简之，故目学之广，勿过于藏，注引弘广，咸由此焉。

又同书卷十六僧实传云：

逮太祖（宇文泰）平梁荆后，益州大德五十余人各怀经部，送像至京。以真谛妙宗，条以问实。既而慧心潜运，南北疏通，即为披抉，洞出情外，并神而服之。

广弘明集卷二十二隋炀帝宝台经藏愿文云：

至尊（隋文帝）拯溺百王，混一四海。平陈之日，道俗无亏，而东南愚民余熠相煽。爰受庙略，重清海滨，役不劳师，以时宁复。深虑灵像尊经，多同煨烬，结鬘绳墨，湮灭沟渠。是以远命众军，随方收聚。未及朞月，轻舟总至。乃命学司，依名次录，并延道场义府，覃思澄明所由，用意推比，多得本类。庄严修葺，其旧惟新。宝台四藏，将十万轴。因发弘誓，永事流通。仍书愿文，悉连卷后。频属朝觐，著功始毕。今止宝台正藏，亲躬受持。其次藏以下，则慧日法灵道场，日严弘善灵刹。此外京都寺塔，诸方精舍，而梵宫互有大小，僧徒亦各众寡，并随经部多少，斟酌分付。授者既其恳至，受者亦宜殷重。长存法本，远布达摩。必欲传文，来入寺写，勿使零落，两失无作。

隋书卷三炀帝纪上略云：

（开皇）八年冬大举伐陈，以上为行军元帅。及陈平，复拜并州总管。俄而江南高智慧等相聚作乱，徙上为扬州总管，镇江都。每岁一朝。高祖之祠太山也，领武候大将军。明年归藩。后数载突厥寇边，复为行军元帅。出灵武，无虏而还。及太子勇废，立上为皇太子。

寅恪案，隋书卷二高祖纪略云：

（开皇）十五年正月庚午，上以岁旱，祠太山以谢愆咎。二十年夏四月壬戌，突厥犯塞，以晋王广为行军元帅，击破之。冬十月乙丑，皇太子勇及诸子并废为庶人。十一月戊子，以晋王广为皇太子。

又通鉴卷一七七隋纪高祖纪开皇十年云：

以并州总管晋王广为扬州总管，镇江都。（详见隋书卷二高祖纪下及卷四十八杨素传等。）

据此，晋王广镇江都每岁一朝，即愿文所谓："频属朝觐"者也。其"著功始毕"，虽未能定于何年，但其次藏以下所分贮之寺院慧日等道场，悉不在南而在北。其正藏既用以自随，则炀帝自立为皇太子之后，亦必移运北行，以便"躬亲受持"无疑。然则炀帝所广搜之南朝佛典，皆已尽数输之于北土矣。南北朝政治虽为分隔对立，而文化则互相交流影响，佛教经典之由私人往来携取由南入北者，事所常有，其例颇多，不劳举证。但此类由南朝输入北国之佛经，若在平时，仅经一二私人携取或收聚，如崔暹之得梁武之赞许者，实为例外。至其余通常之人，则其数量更不能不遭限制。盖有资力及交通法禁等困难也。故众多数量之收聚及输送，其事常与南北朝政治之变迁有关。如吉藏因陈亡之际，得大收经卷，其后入京，则所洮简之南朝精本，当亦随之入北。五十余蜀僧各怀经部北至长安，使僧实得通南朝佛教之新义。此二例虽为私人之收聚及输送，然非值南北朝政治之变迁，则难以致此，至若隋炀帝因江南高智慧等之乱，悉收南朝之经卷，而输之北方，其措施非私人资力之所能，且与南北朝政治之变迁有关，固不待言也。

由是言之，南朝经卷之输入北方，其数量较多者，如吉藏之所收，隋炀之所藏，皆在陈亡之后，故其中至少有写在陈时及造于吴地者。又历李唐一代，迄于北宋，更四百年，其间佛教流行既南北相同，则南方写经之数量，亦应不大异于北土。而今检此编题记，其有南朝年号者，仅南齐武帝永明之五卷而已。是敦煌经卷之写于南朝或南方者，当非复吉藏蜀僧及隋炀所收送之余，恐亦无李唐五代北宋时南方所造者在也。

夫经卷较多数量之自南入北，既如前述，大抵由南北朝政治变迁所致，而敦煌写经题记之著有南朝年号者，则又属于南齐之世。依此而论，故颇疑天监五年造于荆州之一卷，乃梁元帝承圣三年江陵陷没时北朝将士虏获之战利品，后复随凯旋之军以北归者。考西魏所遣攻梁诸大将中，惟杨忠即后来隋之太祖武元皇帝，其人最为信佛。（详见拙著“武曌与佛教”中杨隋皇室之佛教信仰条。）周书卷十九杨忠传（北史卷十一隋本纪略同）略云：

> 及于谨伐江陵，忠为前军，屯江津，遏其走路。及江陵平，朝廷立萧詧为梁王。保定四年，乃拜总管泾豳（寅恪案，“豳”当依赵明诚金石录卷二十二普六茹忠墓志跋作“豳”。）灵云盐显六州诸军事，泾州刺史。天和三年以疾还京。

然则西魏之取江陵，杨忠既参预其事，后又为泾豳灵云盐显六州总管，居西北之地凡五岁之久，则此梁武之世荆州写造之佛典，殆为杨忠当日随军所收，因而携往西北，遂散在人间，流传至于今日。按诸旧史，征以遗编，或亦有可能欤？此则未得确证，姑作假设，以供他日解决问题之参考，所谓仅资谈助者是也。若此仅资谈助之假设，而竟为史实，则此编所收南朝数卷之佛典，盖当年江陵围城之内，萧七符拔剑击柱，文武道尽之时，不随十四万卷图书而灰飞烟灭者，是诚可幸可珍，而又可哀者矣。尝谓释迦氏之教其生天成佛之奥义，殊非凡鄙浅识所能窥测，但此写经题记竟得以残阙之余，编辑搜罗成于今日，颇与内典历劫因缘之说若相冥会，是则贝多叶中果有真实之语，可以信受不疑者耶？质之大雅君子，亦当为之一笑也。

（原载一九三九年历史语言研究所集刊第八本第一份）

忏悔灭罪金光明经冥报传跋

合肥张氏藏敦煌写本金光明经残卷卷首有冥报传，载温州治中张居道入冥事。日本人所藏敦煌写经亦有之。（日文原报告未见，仅见一九一一年安南远东法兰西学校报告第十一卷第一百七十八及一百八十六页所引。）予虽未见其原文，以意揣之，当与此无异。案此传今无足本。明僧受汰金光明经科注卷四之末附金光明经感应记中有“冤家自择”及“冤化为人”二条，皆略记张居道事。又宋僧非浊三宝感应要略中卷第二十九温州治中张居道冥路中发愿造金光明经四卷愿感应，亦略记此事，题下注：“出灭罪传”，其末又注：“更有安固县丞妻脱苦缘繁故不述之”等语。然则明代受汰金光明经感应记所载，虽不知采自何书，而宋时非浊三宝感应要略所集明言出自灭罪传，是此传足本宋代犹存之证也。近年俄罗斯人C. E. Malov[1]君肃州得一金光明经之突厥系文本（俄国科学院佛教丛书第十七种一九一三年出版。），张

1　俄国著名突厥学家马洛夫。

◎ 敦煌－第118F号窟 左侧前壁[1]

1 敦煌第55窟，宋代洞窟，西夏重修。画面为东壁南侧金光明最胜王经变。经变上方为帐形垂幔。下方为金光明经变。

居道入冥及安固县丞妻二事均译载卷首，其体制与敦煌写经之冠以灭罪传者适相符合。予又见德意志人近年于土鲁番所获之吐蕃文断简，其中有类似灭罪冥报传之残本（见A. H. Francke, Sitzungsberichte der Preussischen Akademie der Wissenschaften, Mai, 1924）[1]。内容述及金刚经，殆冠于金刚经之首者，惜太残阙，无由确证。是佛经之首冠以感应冥报传记，实为西北昔年一时风尚。今则世代迁移，当时旧俗，渺不可稽，而其迹象，仍留于外族重翻之本。征考佛典编纂之体裁者，犹赖之以为旁证，岂不异哉。金光明经诸本，予所知者，梵文本之外，（梵文本已刊者有Sarat Chandra本及A. F. Rudolf Hoernle, Manuscript Remains of Buddhist Literature found in Eastern Turkestan[2]所载之本，余详见宗教研究第五卷第三号泉芳璟君读梵文金光明经论文。）其余他种文字译本，尚存于今日者，中文则有北凉昙无谶译之四卷本，隋宝贵之合部八卷本，唐义净之十卷本。西藏文则有三本，其一为法成重译之中文义净本。蒙古文及Kalmuk[3]文（予曾钞一本）均有译本。满文大藏经译自中文当有金光明经，但予未得见。突厥系文则有德意志土鲁番考察团所获之残本（F. W. K. Müller, Uigurica, 1908[4]）及俄国科学院佛教丛书本。（见前）东伊兰文亦有残阙之本，（见P. Pelliot, Etudes

1 A. H. Francke,《普鲁士科学院报告》，1924年5月。

2 A. F. 鲁道夫・霍恩勒，《东突厥斯坦发现的佛教文献手稿》。

3 喀尔玛克。

4 F. W. K.穆勒，维吾尔语，1908年。

Linguistiques sur les Documents de la Mission Pelliot，1913[1]及E.Leumann，Abhandlun gen für die Kunde des Morgenlandes XV，2，1920[2]）据此诸种文字译本之数，即知此经于佛教大乘经典中流通为独广，以其义主忏悔，最易动人故也。至灭罪冥报传之作，意在显扬感应，劝奖流通，远托法句譬喻经之体裁，近启太上感应篇之注释，本为佛教经典之附庸，渐成小说文学之大国。盖中国小说虽号称富于长篇巨制，然一察其内容结构，往往为数种感应冥报传记杂糅而成。若能取此类果报文学详稽而广证之，或亦可为治中国小说史者之一助欤。因考张居道事，并附论之于此。

戊辰四月义宁陈寅恪

1 P. Pelliot，关于Pelliot任务文件的语言研究，1913年。

2 E.Leumann，《东亚客房的依赖关系》，1920年。

敦煌本十诵比丘尼波罗提木叉跋

◎ 敦煌－第6号窟 入口过道之右壁[1]

1 莫高窟晚唐第144窟甬道北壁供养比丘像。据伯希和敦煌石窟笔记记有题名：“龙兴寺都……”。

日本西本龙山君影印敦煌本十诵比丘尼波罗提木叉并附以解说，广征详证，至为精审。盖毗奈耶比较学之佳著也。往岁德意志林冶君Ernst Waldschmidt校译说一切有部梵文比丘尼波罗提木叉残本Bruchstücke des[1]，予适游柏林，偶与之讨论。今读西本君书，心服之余，略缀数语，傥亦佛教之所谓因缘者欤？

此本不著译主姓名，西本君考定为鸠摩罗什所译。鸠摩罗什之译有十诵比丘尼戒本，历代佛典目录开元释教录而外，（武周刊定众经目录有鸠摩罗什译十诵律比丘尼戒本乃十诵比丘戒本之误，西本君已言之。）皆无明文，然西本君颇能言之成理，但仍有不可解者。兹就高僧传所载什公翻译十诵律始末为根据，而推论之。

高僧传卷二鸠摩罗什传略云：“（什临终）与众僧告别，曰：凡所出经论三百余卷，唯十诵一部，未及删烦，存其本旨，必无差失。”又同卷昙摩流支传云：“（流支）与什共译十诵都毕，研详考覆，条制审定，而什犹恨文烦未善，既而什化，不获删治。”据此可推知什公所译经论，十诵大本外，皆已删烦。十诵比丘尼波罗提木叉若为什公所译，必与其他经论同经删治。此可以推知者一。

高僧传卷十一僧业传云：“昔什公在关，未出十诵（大部），乃先译戒本，及流支入秦，方传大部。故戒心之与大本，其意

1　的碎片。

正同，在言或异，业乃改正，一依大本。今之传诵，二本双行。”予取十诵大本以校今所传什译十诵比丘戒本，其文句仍有异同。据此可推知今所传什译十诵比丘戒本，乃什公原译，而非僧业依大本改易之本，此可以推知者二。

高僧传卷二弗若多罗传云：“弘始六年十月十七日，集义学僧数百余人于长安中寺，延请多罗诵出十诵梵本，罗什译为晋文。”又同卷昙摩流支传略云：“流支以弘始七年秋，达自关中。初弗若多罗诵出十诵，未竟而亡。庐山释慧远闻支既善毗尼，希得究竟律部，乃遣书通好。曰：顷有西域道士弗若多罗，是罽宾人。其讽十诵梵本，有罗什法师通才博见，为之传译。十诵之中，文始过半。多罗早丧，中途而寝，不得究竟大业，慨恨良深。传闻仁者赍此经自随，若能为律学之徒毕此经本，则惠深德厚，人神同感矣。”据此可推知什公与多罗共译之大本，乃多罗口自诵出者。其与流支共译之大本，乃流支赍以自随者。什公之不独译大本，虽有他故，而未赍大本自随，又不能口自诵出，亦必一主因。以此例之，则其所译之十诵比丘戒本，及假定为其所译之十诵比丘尼波罗提木叉，当为俱赍以自随，或皆能口自诵出，或一自随而一诵出之本。夫此二戒本皆为十诵律部中单行之一种，复同经一人之手携或口诵，必为共出一源之梵本，其体裁结构，理应相同。此可以推知者三。

此三事既已推定，然后述不可解之二点：

今取敦煌十诵比丘尼波罗提木叉与法颖自十诵律大本撰出之十诵比丘尼戒本，较其繁简，虽彼此详略各有不同；然敦煌本有而法颖本缺者，计波逸提法八条，众学法二十二条，共为三十条。夫法颖所据者为未经什公删治之繁本，敦煌本若果为什公所译，乃与其他经论同经删治之简本，故必敦煌本简而法颖本繁，始合于事理，今适得其反。此不可解者一也。

又取敦煌十诵比丘尼波罗提木叉与十诵比丘戒本，较其异同，则敦煌十诵比丘尼波罗提木叉之末"七佛偈"阙七佛名及所化众数，其不同之点，最为显著。若敦煌本果为什公所译，则与十诵比丘戒本皆为同一律部中单行之一种，实共出于一源之梵本，复经同一人之所翻译及删治；而今日流传之十诵比丘戒本，又为未经改易之原书，何以二本体裁结构，彼此互异？此不可解者二也。

总而言之，考据之学，本为材料所制限。敦煌本是否为鸠摩罗什所译，尚待他日新材料之证明。今日固不能为绝对否定之论，亦不敢为绝对肯定之论，似为学术上应持之审慎态度也。

又西本君校刊此书，附以原写本之音写写误及异体文字表，虽其中颇有习见之体，不烦标列者，然此为考古学文字学重要事业，前人鲜注意及之者。若能搜集敦煌写本中六朝唐代之异文俗字，编为一书，于吾国古籍之校订，必有裨益。予久蓄是念，今读西本君之书，因附着其意，以质世之治考古学文字学者。

大乘稻芉经[1]随听疏跋

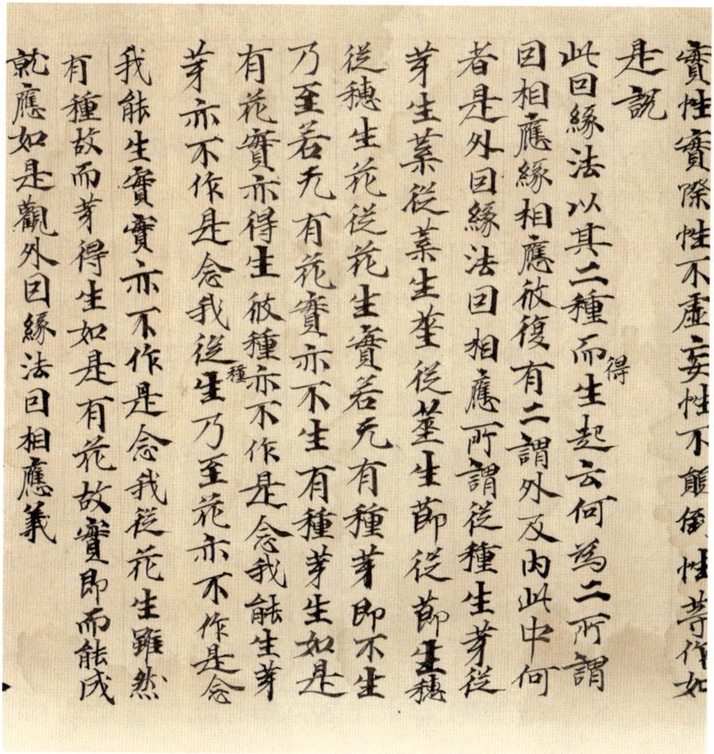
實性實際性不虛妄性不顛倒性等作如
是說
此因緣法以其二種而生起云何爲二所謂
因相應緣相應彼復有二謂外及內此中何
者是外因緣法因相應所謂從種生芽從
芽生葉從葉生莖從莖生節從節生穗
從穗生花從花生實若無有種芽即不生
乃至若無有花實亦不生有種芽生如是
有花實亦得生彼種亦不作是念我能生芽
芽亦不作是念我從種生乃至花亦不作是念
我能生實實亦不作是念我從花生雖然
有種故而芽得生如是有花故實即而能成
就應如是觀外因緣法因相應義

◎ 敦煌墨迹 佛说大乘稻秆经 局部 中国国家图书馆藏

1 即《大乘稻秆经》。

法成大乘稻芊经随听疏一卷，江杜君校集京师图书馆及傅增湘君所藏敦煌石室佛经各残卷而成。案法成之名不见于中国佛教载记，其译经始末无可考。敦煌石室写本大乘四法经论及广释开决记有法成癸丑年八月沙州永康寺集毕记，诸星母陀罗尼经有法成甘州修多寺译题字，瑜珈师地论卷三十九，五十二，有法成弟子智慧山手书大中年月；又法兰西伯希和君曾见法成著述中自称大蕃国人（Journal Asiatique，Série 11，Tome 4，P. 143[1]），据此四事，综合推计，知其人为吐蕃沙门，生当唐文宗太和之世，译经于沙州、甘州。其译著之书，今所知者，中文则有敦煌石室发现之大乘稻芊经随听疏、般若波罗蜜多心经、诸星母陀罗尼经、瑜珈论附分门记、萨婆多宗五事论、释迦如来像法灭尽之记、叹如来无染着功德赞等。藏文则有西藏文正藏中之善恶因果经、义净译金光明最胜王经重译本及关于观世音菩萨神咒三种（柏林图书馆所藏西藏文正藏目录第一百二十三页第五号、第一百二十四页第一号及第五号）等，（详见Journal Asiatique, Série 11，Tome 4，史林第八卷第一号、伯希和及日本羽田亨石滨纯太郎诸君考证文中。）予又检阅北京本西藏文续藏满蒙汉藏四体目录，见第四十一函契经解中，有经部深微宗旨确释广大疏一种，震旦律师温岿个撰，答哩麻悉谛译。“答哩麻悉谛”之名本自蒙古文音译而来，盖蒙文目录，此疏译主之名，依据梵文作Dharma-Siddhi即藏文Chos-grub，

1　亚洲期刊，第11系列，第4卷，第143页。

中文“法成”之意译。“温鍞个”者，“圆测”二字之讹译。是书实玄奘弟子圆测解深密经疏之藏文译本。西明疏为法相宗宝笈，中文原本今已残阙，若自藏文译补，俾千年古籍，复成完书，亦快事也。稻芊经随听疏博大而精审，非此土寻常经疏可及。颇疑其别有依据。西藏文续藏第三十三函菩提路灯品有龙树菩萨圣稻芊经章句，第三十四函随念三宝义旨中，有龙树菩萨稻芊喻经广大演一百十二品。法成当日为稻芊经作疏，或已见此二书。又第三十七函十地论释中，有伶麻剌尸剌（Kamalaçī-la）稻芊喻经广大疏，其书与随听疏第五解释门释本文文中所分五门，七门，章句次第，文字诠释，适相符合。伶麻剌尸剌不知为印度何时人，广大疏译为藏文年代亦未能确定。即使后于法成作随听疏时，然随听疏解释门释本文一节，亦必本诸法成以前吐蕃所译天竺旧注，而与广大疏同出一源，否则中藏两疏，不能如是暗合也。予因此并疑今日所见中文经论注疏凡号为法成所撰集者，实皆译自藏文，但以当时所据原书，今多亡逸，故不易详究其所从出耳。昔玄奘为西土诸僧译中文大乘起信论为梵文。道宣记述其事，赞之曰：“法化之缘，东西互举。”夫成公之于吐蕃，亦犹慈恩之于震旦；今天下莫不知有玄奘，法成则名字湮没者且千载，迄至今日，钩索故籍，仅乃得之。同为沟通东西学术，一代文化所托命之人，而其后世声闻之显晦，殊异若此，殆有幸有不幸欤！读法成随听疏竟为考其著述概略，并举南山律师之语，持较慈恩，以见其不幸焉。

须达起精舍因缘曲跋

上虞罗氏所藏敦煌石室唐写本佛曲第一种（见敦煌零拾四之一），首尾俱残阙不完。雪堂参事丈谓不知演何经。寅恪详绎其内容，盖演须达起精舍因缘中舍利弗降伏六师一节也。

检贤愚经卷十（大正大藏本）须达起精舍品四十一所载：

舍利弗言，正使此辈，六师之众，满阎浮提，数如竹林，不能动吾足上一毛，欲较何等，自恣听之。须达欢喜，更着新衣，沐浴香汤，即往白王，我已问之，六师欲较，恣随其意。国王是时，告诸六师，今听汝等，共沙门较。是时六师，宣语国人，却后七日，当于城外宽博之处，与沙门较。舍卫国中，十八亿人，时彼国法，击鼓会众。若击铜鼓，八亿人集。若打银鼓，十四亿集。若振金鼓，一切皆集。七日期满，至平博处，椎击金鼓，一切都集。六师徒众，有三亿人。是时人民，悉为国王及其六师，敷施高座。尔时须达，为舍利弗，

◎ 敦煌－第46号窟 左壁 首幅[1]

1 主室南壁。莫高窟中唐第112窟主室南壁西侧一铺金刚经变。

而施高座。时舍利弗，在一树下，寂然入定，诸根寂默，游诸禅定，通达无碍，而作是念，此会大众，习邪来久，憍慢自高，草芥群生，当以何德，而降伏之。思惟是已，当以二德，即立誓言，若我无数劫中，慈孝父母，敬尚沙门婆罗门者。我初入会，一切大众，当为我礼。尔时六师，见众已集，而舍利弗，独未来到，便白王言，瞿昙弟子，自知无术，伪求较能，众会既集，怖畏不来。王告须达，汝师弟子，较时已至，宜来谈论。是时须达，至舍利弗所，长跪白言，大德！大众已集，愿来诣会。时舍利弗，从禅定起，更整衣服，以尼师坛，着左肩上，徐详而步，如师子王，往诣大众。是时众人，见其形容，法服有异，及诸六师，忽然起立，如风靡草，不觉为礼。时舍利弗便升须达所敷之座。六师众中，有一弟子，名劳度差，善知幻术。于大众前，咒作一树，自然长大，荫覆众会，枝叶郁茂，华果各异。众人咸言，此变乃是劳度差作。时舍利弗，便以神力，作旋岚风，吹拔树根，倒着于地，碎为微尘。众人皆言，舍利弗胜，今劳度差便为不如。又复咒作一池，其池四面，皆以七宝，池水之中，生种种华。众人咸言，是劳度差之所作也。时舍利弗，化作一大六牙白象，其一牙上，有七莲华，一一华上，有七玉女。其象徐详，往诣池边，并含其水，池即时灭。众人悉言，舍利弗胜，劳度差不如。复作一山，七宝庄严，泉池树木，华果茂盛。众人咸言，此是劳度差作。时舍利弗即便化作金刚力士，以金刚杵，遥用指之，山即破坏，无有遗余。众会皆言，舍利弗胜，劳度差不如。

故寅恪颇疑此残卷卷首第一之“毛”字。或即“不能动吾足上一毛”之“毛”字。考巴利文增一阿含经Augut-tara-Nikāya（英伦巴利学会本）第一篇Eku-Nipāta第十四品Etadagga-Vagga列举释迦牟尼诸大弟子品德，称舍利弗为大智慧，大目犍连具神通。Mahāpaññanam-Yadidam Sariputto Iddhi-Mantānam Yadidam Mahā Moggallāno故目连神通事迹，多散见于诸经典，而舍利弗之以神通显者，则降伏六师，见于贤愚经须达起精舍缘品外，尚有以腰带与目连较力事，见东晋罽宾三藏瞿昙僧伽提婆译增一阿含经卷二十九（大正大藏本）所载：

是时目连复重语曰，云何舍利弗神足之中，能胜吾乎？然今先遣使在前耶？若舍利弗不时起者，吾当捉臂，将诣彼泉。是时舍利弗便作是念曰，目连方便试弄吾耳。尔时尊者舍利弗，躬解竭支带在地，语目连曰，设汝神足第一者，今举此带，使离于地，然后捉吾臂将诣阿耨达泉。是时目连复作是念，今舍利弗，复轻弄我，将欲相试乎？

今解带在地云，能举者然后捉吾臂将诣泉所。是时目连，复作是想，此必有因事不可苦尔。即时伸手，而取带举，然不能使带移动，如毫厘许。是时目连尽其力势，移此带不能使动。是时舍利弗取此带系着阎浮树枝。是时尊者目连，尽其神力，欲举此带，终不能移，当举此带时，此阎浮地大震动。

及鸠摩罗什译大智度论卷四十五（大正大藏本）所载：

舍利弗见目连贵其神通，即以腰带掷地语言，汝举此带去。目连以两手举带，不能离地，即入诸深定举之，地为大动，带犹着地。

今取此佛典与贤愚经原文较，已足见演经者之匠心，及文学艺术渐进之痕迹，而今世通行之西游记小说，载唐三藏车迟国斗法事，固与舍利弗降伏六师事同。又所述三藏弟子孙行者猪八戒等，各矜智能诸事，与舍利弗目犍连较力事，或亦不无类似之处。因并附记之，以供治小说考证者采览焉。戊辰元夕义宁陈寅恪。

（原载一九二八年十月清华学校研究院国学论丛第一卷第四号）

有相夫人生天因缘曲跋

（“有相”写本多讹作“有于”）

◎ 敦煌-第118D号窟 祭台[1]

1 敦编第57窟，初唐洞窟，晚唐重修。

上虞罗氏藏敦煌石室写本佛曲三种（见敦煌零拾卷四），其第三种，贞松先生谓不知演何经。寅恪案，魏吉迦夜昙曜共译之杂宝藏经卷十，优陀羡王缘有相夫人生天事，适与此合。石室比丘尼之名亦相同。惟国王名称异，或别有所本，未可知也。又义净译根本说一切有部毗奈耶卷四十五入宫门学处第八十二之二仙道王及月光夫人事，亦与此同。梵文Divyavadāna第三十七Rudrāyana品（见一九零七年通报Prof.Sylvin Lévi论文[1]），西藏文甘珠尔律部卷九，均载此事。寅恪曾见柏林人类学博物馆土鲁蕃部壁画中有欢喜王观有相夫人跳舞图。可知有相夫人生天因缘，为西北当日民间盛行之故事，歌曲画图，莫不于斯取材。今观佛曲体裁，殆童受喻鬘论，即所谓马鸣大庄严经论之支流，近世弹词一体，或由是演绎而成。此亦治文化史者，所不可不知者也。

（原载前清华学校研究院国学论丛第一卷第二号）

1 Sylvin L é vi教授。

大乘义章书后

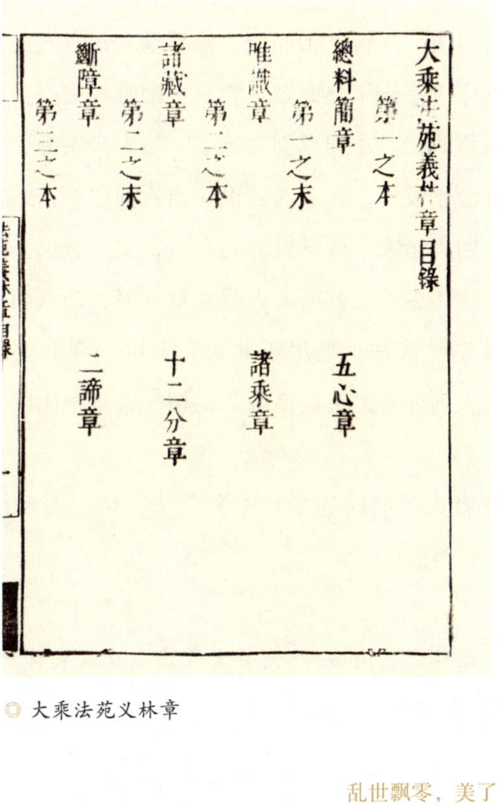

大乘法苑義林章目錄

第一之本

總料簡章　五心章

第一之末

唯識章　諸乘章

第二之本

諸藏章　十二分章

第二之末

斷障章　二諦章

第三之本

◎ 大乘法苑义林章

大藏中此土撰述总诠通论之书，其最著者有三，大乘法苑义林章，宗镜录及远法师此书是已。宗镜录最晚出，亦最繁博。然永明之世，中国佛教已渐衰落，故其书虽平正笃实，罕有伦比，而精采微逊，雄盛之气，更远不逮远基之作，亦犹耶教圣奥古斯丁（St. Augustin）与巴士卡儿（Pascal），其钦圣之情，固无差异，而欣戚之感，则迥不相侔也。基公承慈恩一家之学，颛门绝业，今古无俦，但天竺佛教当震旦之唐代，已非复盛时，而中国六朝之世则不然。其时神州政治，虽为纷争之局，而思想自由，才智之士亦众。佛教输入，各方面皆备，不同后来之拘守一宗一家之说者。尝论中国佛教史，要以鸠摩罗什之时为最盛时代。中国自创之佛宗，如天台宗等，追稽其原始，莫不导源于罗什，盖非偶然也。当六朝之季，综贯包罗数百年间南北两朝诸家宗派学说异同之人，实为慧远。远公事迹见道宣续高僧传卷八。其所著大乘义章一书，乃六朝佛教之总汇。道宣所谓“佛法纲要尽于此焉”者也。今取大乘义章之文，与隋唐大师如智顗玄奘诸人之说相关者数条比勘之，以见其异同。

天台智者大师妙法莲华经玄义一下，解“四悉檀”为十重。其一释名略云：

悉檀，天竺语。南岳师例，“大涅盘”梵汉兼称。“悉”是此言，“檀”是梵语，“悉”之言“遍”，“檀”翻为“施”。佛以四法遍施众生，故言“悉檀”也。

大乘义章卷二十四悉檀义四门分别条云：

四悉檀义，出大智论，言悉檀者，是中（外？）国语，此方义翻，其名不一。如楞伽中子注释言，或名为宗，或名为成，或云理也。

◎ 敦煌－第139A号窟 右壁[1]

1 敦编第321窟，主室北壁。

寅恪案，“悉檀”乃梵语Siddhânta之对音，楞伽注之言是也。其字从语根Sidh衍出，“檀施”之“檀”，乃dâna之对音。其字从语根dâ衍出，二语绝无关涉，而中文译者，偶以同一之“檀”字对音，遂致智者大师有此误释，殊可笑也。

又道宣集古今佛道论衡卷丙文帝诏令玄奘法师翻老子为梵文事条云：

（玄奘）染翰缀文：厥初云“道”，此乃人言，梵云“末伽”，可以翻“度”。诸道士等，一时举袂曰：“道”翻“末伽”，失于古译。古称“菩提”，此谓为“道”。未闻“末伽”以为“道”也。奘曰：今翻道德，奉敕不轻。须核方言，乃名传旨。“菩提”言“觉”，“末伽”言“道”，唐梵音义，确尔难乖，岂得浪翻，冒罔天听！道士成英曰：“佛陀”言“觉”，“菩提”言“道”，由来盛谈，道俗同委。今翻“末伽”，何得非妄？奘曰：传闻滥真，良谈匪惑。未达梵言，故存恒习。“佛陀”天音，唐言“觉者”。“菩提”天语，人言为“觉”。此则人法两异，声采全乖。“末伽”为道，通国齐解。如不见信，谓是妄谈，请以此语，问彼西人。足所行道，彼名何物？非“末伽”者，余是罪人。非惟罔上当时，亦乃取笑天下。

寅恪案，“佛陀”梵文为Buddha，“菩提”梵文为bodhi，同自语根Budh衍出。然一为具体之名，一为抽象之名。所谓

“人法两异”者，混而同之，故慈恩以为不可。“末伽”梵文Mârga之对音，慈恩以为“道”之确译者也。

大乘义章卷十八无上菩提义七门分别条略云：

“菩提”胡语，此翻为“道”。问曰：经说第一义谛亦名为“道”，亦名“菩提”，亦名“涅盘”。“道”与“菩提”，义应各别。今以何故，宣说“菩提”翻名“道”乎？释言：外国说“道”名多，亦名“菩提”，亦曰“末伽”。如四谛中，所有道谛，名“末伽”矣。此方名少，是故翻之，悉名为“道”。与彼外国“涅盘”“毗尼”此悉名“灭”，其义相似。经中宣说第一义谛名为“道”者，是“末伽道”。名“菩提”者，是“菩提道”。良以二种，俱名“道”故，得翻“菩提”，而为“道”矣。

寅恪案，慧远之书，皆本之六朝旧说。可知佛典中，“道”之一名，六朝时已有疑义，固不待慈恩之译老子，始成问题也。盖佛教初入中国，名词翻译，不得不依托较为近似之老庄，以期易解。后知其意义不切当，而教义学说，亦渐普及，乃专用对音之“菩提”，而舍置义译之“道”。此时代变迁所致，亦即六朝旧译与唐代新译（此指全部佛教翻译事业，非仅就法相宗言。）区别之一例，而中国佛教翻译史中此重公案，与今日尤有关系。吾人欲译外国之书，辄有此方名少之感，斯盖非唐以后之中国人，拘于方以内者所能知矣。

又大乘义章卷一众经教迹义三门分别条略云：

晋武都山隐士刘虬所云，佛教无出顿渐二门。是言不尽。如佛所说四阿含经五部戒律，当知非是顿渐所摄。所以而然，彼说被小，不得言顿。说通始终，终时所说，不为入大，不得言渐。又设余时所为，众生闻小取证，竟不入大，云何言渐？是故顿渐摄教不尽。又复五时七阶之言，亦是谬浪。

寅恪案，远师学说，多与吉藏相近。嘉祥著述如法华玄论一所谓：

人秉五时之规矩，格无方之圣化，妄谓此经，犹为半字，明因未圆，辨果不足。五时既尔，四宗亦然。废五四之妄谈，明究竟之圆旨。

及法华游意第四辨教意门所谓：

南方五时说，北土四宗论，无文伤义。昔已详之，今略而不述也。

等语，皆是。又窥基妙法莲华经玄赞卷一显时机条略云：

古有释言，教有五时。乍观可尔，理即不然。今依古义，且破二时，后余三时。并如古人破。恐厌文繁，且略应止。

基公大乘法苑义林章卷一所引菩提流支法师别传破刘虬五时判教之说，皆略同大乘义章之说，盖同出一源也。可知天台宗五时判教之义，本非创自天台诸祖，不过袭用旧说，而稍变易之耳。然与诸祖先后同时诸大师中，亦有不以五时之说为然者。就吾人今日佛教智识论，则五时判教之说，绝无历史事实之根据。其不可信，岂待详辨？然自中国哲学史方面论，凡南北朝五时四宗之说，皆中国人思想整理之一表现，亦此土自创佛教成绩之一，殆未可厚非也。尝谓世间往往有一类学说，以历史语言学论，固为谬妄，而以哲学思想论，未始非进步者。如易非卜筮象数之书，王辅嗣程伊川之注传，虽与易之本义不符，然为一种哲学思想之书，或竟胜于正确之训诂。以此推论，则徐健庵成容若之经解，亦未必不于阮伯元王益吾之经解外，别具优点，要在从何方面观察评论之耳。

上所举三事，天台悉檀之说，为语言之错误。五时判教之说，为历史之错误。慈恩末伽之说，为翻译之问题。凡此诸端，大乘义章皆有详明正确之解释，足见其书之精博，或胜于大乘法苑义林章宗镜录二书也。

又此书日本刊本，其卷一标题下，有：

草书惑人，伪失之甚。传者必真，慎勿草书。

等十六字。寅恪所见敦煌石室卷子佛经注疏，大抵草书。合肥张氏藏敦煌草书卷子三种，皆佛经注疏，其一即此书，惜未取以相校。观日本刊本“慎勿草书”之语，则东国所据，最初中土写本，似亦为草书，殆当日传写佛典，经论则真书，而注疏则草书。其风尚固如是欤？因并附记之，以质博雅君子。

（原载一九三〇年六月历史语言研究所集刊第一本第二份）

读洛阳伽蓝记书后

刘知几史通五补注篇云：

亦有躬为史臣，手自刊补，虽志存赅博，而才阙伦叙，除烦则意有所吝，毕载则言有所妨，遂乃定彼榛楛，列为子注。若萧大圜淮海乱离志，羊衒之洛阳伽蓝记，宋孝王关东风俗传，王劭齐志之类是也。

顾广圻思适斋集卷十四洛阳伽蓝记跋略云：

予尝读史通补注，知此书原用大小字分别书之，今一概连写，是混注入正文也。意欲如全谢山治水经注之例，改定一本，惜牵率乏暇，汗青无日，爰标识于最后，世之通才倘依此例求之，于读是书，思过半矣。

于是吴若准洛阳伽蓝记集证即依顾氏之说，分析正文子

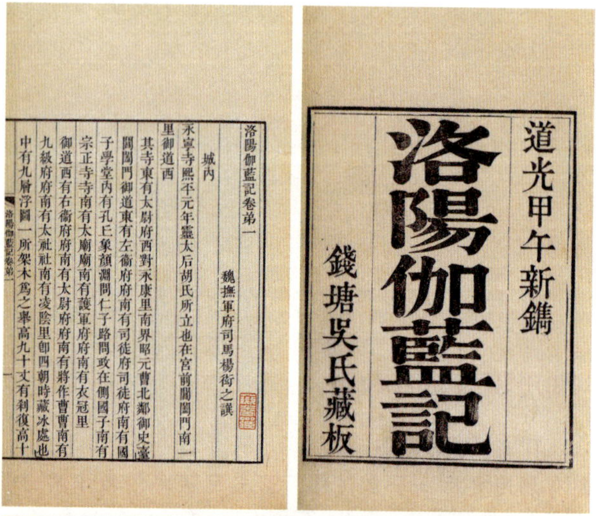
道光甲午新鐫
洛陽伽藍記
錢塘吳氏藏板

洛陽伽藍記卷第一
魏撫軍府司馬楊衒之譔
城內
永寧寺熙平元年靈太后胡氏所立也在宮前閶闔門南一
里御道西
其寺東有太尉府西對永康里南界昭元曹北鄰御史臺
閶闔門御道東有左衞府府南有司徒府司徒府南有國
子學堂內有孔丘象顏淵問仁子路問政在側國子南有
宗正寺寺南有太廟廟南有護軍府府南有衣冠里
御道西有右衞府府南有太尉府府南有將作曹曹南有
九級府府南有太社社南有凌陰里卽四朝時藏冰處也
中有九層浮圖一所架木爲之舉高九十丈有剎復高十

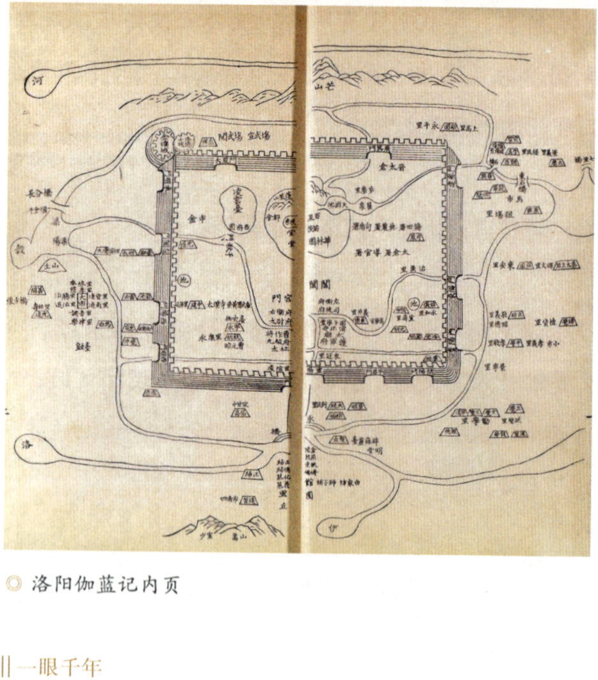

◎ 洛阳伽蓝记内页

注，群推为善本。吴氏自序其书云：

古本既无由见，未必一如旧观，而纲目粗具，读是书者，或有取乎？

然吴本正文太简，子注过繁。其所分析疑与杨书旧观相去甚远，唐晏因是有洛阳伽蓝记钩沉之作。其洛阳伽蓝记钩沉自序云：

昔唐刘知几谓洛阳伽蓝记“定彼榛楛，列为子注”。斯言已逾千岁，而世行本皆刊于明代，子注已杂入正文，无复分别，亦竟无人为料理出之，此书遂不可读矣。近者之江吴氏创始为之画分段落，正文与注，甫得眉目。然究嫌其限域未清，混淆不免，虽少胜于旧编，犹未尽夫尘障。鄙人索居海上，偶展此书，觉有会于心，乃信手钩乙。数则以后，迎刃而解，都已尽卷，未敢谓足揆原编，然较各本则有间矣。

故唐本正文较之吴本溢出三倍，似可少纠吴氏之失。但唐氏之分别正文子注，其标准多由主观，是否符合杨书之旧，仍甚可疑。近人张宗祥君之洛阳伽蓝记合校本附录吴本及唐本所分正文，并记其后。略云：

昔顾涧苹先生欲仿全氏治水经之例，分别此书注文而未果。吴氏闻斯言于其舅朱氏，集证本遂起而分之。然极简略，恐非杨氏之旧。如杨氏旧文果如吴氏所述，则记文寥寥，注文繁重，作注而非作记矣。杨氏具史才，当不如此。唐氏复因吴氏之简，起而正之。然第五卷原本注文，且误入正文，则亦未为尽合也。盖此书子注之难分，实非水经注之比，苟无如隐以前之古本可以勘正，实不必泥顾氏之说，强为分析，致蹈明人窜改古籍之覆辙也。

张君于唐氏所定第一卷城内永宁寺条正文东西两门皆亦如之一节下附案语云：

“东西两门皆亦如之”者，言与“南门图以云气云云”种种相同也。今“图以云气”四十一字作注文，则“皆亦如之”一语，无归宿矣。

于第五卷城北凝圆寺条“所谓永平里也注”之“注”字下附案语云：

衒之此记本自有注，不知何时并入正文，遂至不能分别。此“注”字之幸存者，自此至下文“不可胜数”句，当是凝圆寺注文。钩沉本以此下一句为正文。

又于其附录之钩沉本正文城北禅虚寺条“注即汉太上王广处”句下附以案语，重申其说云：

此处“注”字幸存，即汉太上王广处六字，明系注文，不得误入正文。

寅恪案，张君之合校本最晚出，其言“不必泥顾氏之说，强为分析，致蹈明人窜改古籍之覆辙”，可谓矜慎。于杨书第五卷，举出幸存之“注”字，尤足见读书之精审，不仅可以纠正唐氏之违失已也。然窃有所不解者，吴唐二氏所分析之正文与子注，虽不与杨书原本符会，而杨书原本子注亦必甚多，自无疑义，若凡属子注，悉冠以“注”字，则正文之与注文分别了然，后人传写杨书，转应因此不易淆误。今之注文混入正文者，正坐杨书原本其子注大抵不冠以“注”字，故后人传写牵连，不可分别，遂成今日之本。张君所举之例，疑是杨书原本偶用“注”字，后人不复删去，实非全书子注悉以“注”字冠首也。鄙意衒之习染佛法，其书制裁乃摹拟魏晋南北朝僧徒合本子注之体，刘子玄盖特指其书第五卷惠生宋云道荣等西行求法一节，以立说举例，后代章句儒生虽精世典，而罕读佛书，不知南北朝僧徒著作之中，实有此体，故于洛阳伽蓝记一书之制裁义例，懵然未解，固无足异。寅恪昔年尝作支愍度学说考，载于前历史语言研究所蔡元培先生六十五岁纪念论文集中，详考佛书合本子注之体。兹仅引梵夹数事，以比类杨书，证成鄙说，其余不复备论。

梁僧祐出三藏记集卷七支敏度合首楞严经记、卷八支道林大小品对比要钞序、支敏度合维摩诘经序、卷十一竺昙无兰大比丘二百六十戒三部合异序等，俱论合本子注之体裁。兹节录一二，以见其例如下。

支敏度合维摩诘经序略云：

然斯经梵本出自维耶离，在昔汉兴，始流兹土。于时有优婆塞支恭明，逮及于晋，有法护叔兰，先后译传，别为三经，同本人殊出异，或辞句出入，先后不同，或有无离合，多少各异。若其偏执一经，则失兼通之功。广披其三，则文烦难究。余是以合两令相附，以明所出为本，以兰所出为子，分章断句，使事类相从，令寻之者瞻上视下，读彼案此，足以释乖迂之劳。

竺昙无兰大比丘二百六十戒三部合异序云：

余因闲暇，为之三部合异，粗断起尽，以二百六十戒为本，二百五十者为子，以前出常行戒全句系之于事末，而亦有永乖不相似者，有以一为二者，有以三为一者，余复分合，令事相从。

比丘大戒二百六十事（原注："三部合异二卷。"）云：

说戒者乃曰：僧和集会，未受大戒者出！僧何等作为？众僧和聚会，悉受无戒！于僧有何事？答：说戒。僧答言：布萨。不来者嘱授清净说！诸人者，当说当来之净！答言：说净。

据上所引，魏晋南北朝僧徒合本子注之体例，可以推知。洛阳伽蓝记卷五凝圆寺条，记述惠生宋云等使西域事既竟，杨氏结以数语云：

衒之按，惠生行纪事多不尽录。今依道荣传、宋云家纪，故并载之，以备缺文。

观今本洛阳伽蓝记杨氏纪惠生使西域一节，辄以宋云言语行事及道荣传所述参错成文，其间颇嫌重复，实则杨氏之纪此事，乃合惠生行纪道荣传及宋云家传三书为一本，即僧徒"合本"之体，支敏度所谓"合令相附"及"使事类相从"者也。杨书此节之文如：

至乾陀罗城，东南七里有雀离浮图。道荣传云：城东四里。

即竺昙无兰大比丘二百六十戒三部合异序后所附子注之

例。其“道荣传云：城东四里”，乃是正文“东南七里有雀离浮图”之子注也。又杨书此节之：

（迦尼色迦）王更广塔基三百余步。道荣传云：三百九十步。

其“道荣传云：三百九十步”，乃是正文“三百余步”之子注也。其余类此者，不胜枚举。兹仅揭一二例，亦如顾氏之意，欲世之通才依此求之，写成定本，以复杨书之旧观耳。夫史通所论实指惠生等西行求法一节，而吴唐二氏俱以此节悉为子注，张君无所纠正，其意殆同目此文全段皆是子注也。故自杨氏此书正文与子注混淆之后，顾氏虽据史通之语，知其书之有注，而未能厘定其文。吴唐张三家治此书极勤，亦未能发此久蔽之覆，因举魏晋南北朝僧徒合本子注之例，证成鄙说，为读是书者进一解，并以求教于通知古今文章体制学术流变之君子。

抑更有可申论者，裴松之三国志注人所习读，但皆不知其为合本子注之体。刘孝标世说新语注亦同一体材，因经后人删削，其合本子注之体材，益难辨识。至水经注虽知其有子注，而不知其为合本。前人研治者甚多，然终以不晓此义，无所发明，徒资纷扰，殊可悯惜。兹特附及之于篇末。

（原载一九三九年九月历史语言研究所集刊第八本第二份）

梁译大乘起信论伪智恺序中之真史料

近人多疑真谛译大乘起信论之伪，其说已为世所习闻。最近复以为非伪作，其所持重要之证据在续高僧传卷十八昙迁传。其文略云：

精研华严十地维摩楞伽地持起信等。逮周武平齐，逃迹金陵。

盖真谛于陈太建元年（此年即五六九年）正月十一日迁化。太建九年（此年即五七七年。周武帝建德六年。齐幼主承光元年。）周灭齐。若起信论为伪作，则昙迁不能于周未灭齐之前，真谛尚未迁化，或卒后未久，且远在北朝，早已有精研伪造论本之理也。故以此论为非伪作。其论据如何，兹非所欲辨。即使此论之真伪可定，而此论智恺序之真伪又别为一事。真论本文可以有后加伪序，而真序亦可附于伪论，二者为不同之问题，不可合并

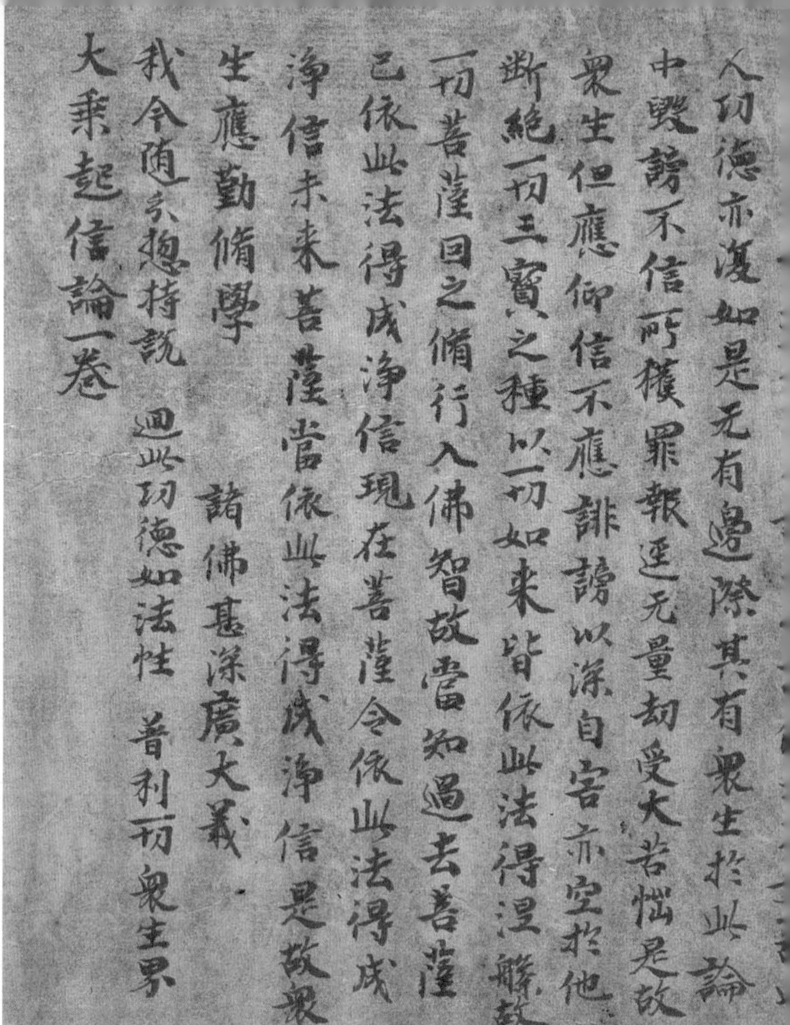

◎ 敦煌文献 大乘起信论一卷[1] 局部1、2 俄罗斯科学院 藏

1 起信论是大乘佛教重要论书，相传为古印度马鸣著，南朝梁真谛译一卷；唐代实叉难陀重译，作二卷；以真谛译本较流行。

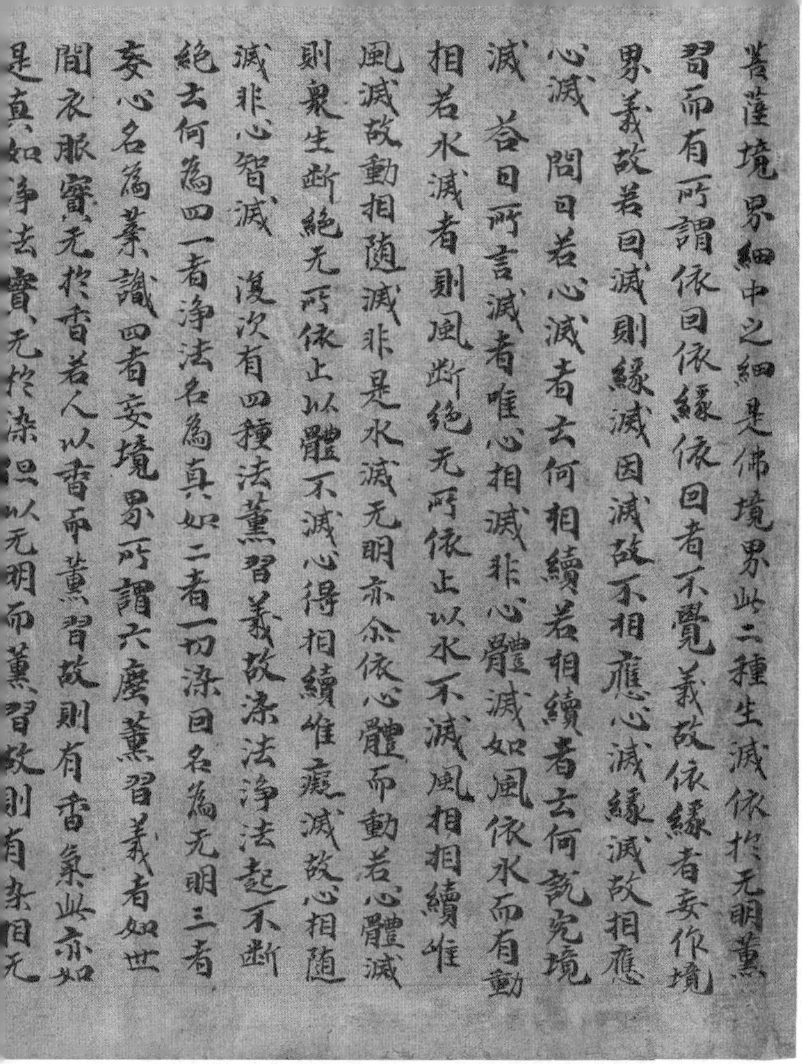
菩薩境界細中之細是佛境界此二種生滅依於无明薰
習而有所謂依因依緣依因者不覺義故依緣者妄作境
界義故若因滅則緣滅因滅故不相應心滅緣滅故相應
心滅　問曰若心滅者云何相續若相續者云何說究竟
滅　答曰所言滅者唯心相滅非心體滅如風依水而有動
相若水滅者則風斷絕无所依止以水不滅風相相續唯
風滅故動相隨滅非是水滅无明亦尒依心體而動若心體滅
則衆生斷絕无所依止以體不滅心得相續唯癡滅故心相隨
滅非心智滅　復次有四種法薰習義故染法淨法起不斷
絕云何為四一者淨法名為真如二者一切染因名為无明三者
妄心名為業識四者妄境界所謂六塵薰習義者如世
間衣服實无於香若人以香而薰習故則有香氣此亦如
是真如淨法實无於染但以无明而薰習故則有染相无

论之也。复次，真序之中可以有伪造之部分，而伪造之序中亦可以有真实之资料。今认智恺序为伪撰，而伪撰之序中实含有一部分真史料，特为标出，以明其决非后人所能伪造。至此序为托名智恺之作，则不待论。今日中外学人考证佛典虽极精密，然其搜寻数据之范围，尚多不能轶出释教法藏以外。特为扩充其研究之领域，使世之批评佛典者，所持证据，不限于贝多真实语及其流派文籍之中，斯则不佞草此短篇之微意也。

伪智恺序云：

值京邑英贤慧显智韶智恺昙振慧旻与假黄钺大将军萧公勃以大梁承圣三年岁次癸酉九月十日于衡州始兴郡建兴寺敬请法师敷演大乘，阐扬秘典，示导迷途，遂翻译斯论一卷。

寅恪案，伪序中此节乃实录，非后人所能伪造者也。何以知之？请就二事以为证明：一为年月地理之关系，二为官制掌故之关系。初学记肆（文苑英华卷一百五十八、太平御览卷三十二同。）江总衡州九日诗云：

秋日正凄凄，茅茨复萧瑟。姬人荐初酝，幼子问残疾。园菊抱黄华，庭榴剖珠实。聊以著书情，暂遣他乡日。

寅恪案，陈书卷二十七江总传（南史卷三十六江夷传附总传略同）云：

总第九舅萧勃先据广州，总又自会稽往依焉。梁元帝平侯景，征总为明威将军始兴内史，以郡秩米八百斛给总行装。会江陵陷，遂不行。总自此流寓岭南积岁。

又陈书卷九欧阳頠传（南史卷六十六欧阳頠传同）云：

梁元帝承制，以始兴郡为东衡州。

据此，总持诗题之衡州，实指东衡州，即伪智恺序之衡州始兴郡也。总持既曾流寓岭南，始兴为南北交通要道，行旅之所经过。总持，南朝词人也，自于其地不能不有所题咏。故初学记卷二十三载江总经始兴广果寺题恺法师山房诗云：

息舟候香埠，怅别在寒林。竹近交枝乱，山长绝径深。轻飞入定影，落照有疏阴。不见投云状，空留折桂心。

此恺法师之名虽不可确知，但必如道安之号安法师，慧远之号远公之比，而为某恺。盖僧徒皆例以其二名之下一字见称目也。今除智恺之外，尚未发现其他适当之恺法师，得与江总会聚于始兴之地，然则此恺法师岂即智恺欤？

复次，通鉴卷一六五梁纪元帝纪承圣三年（此年即五五四年）九月条云：

帝好玄谈，（九月）辛卯于龙光殿讲老子。曲江侯（萧）勃迁居始兴。

据此，则承圣三年九月萧勃实在始兴。又据江总衡州九日诗及经始兴广果寺题恺法师山房诗，则智恺是时似亦在始兴。可见伪序中所述智恺等与萧勃于承圣三年九月十日请真谛翻译大乘起信论一事之年月地理人名皆与江总诗及通鉴切合，而萧勃此时在始兴一事仅载通鉴，为梁陈书及南史所无，司马氏所纪之原始材料尚未检出。其必有确据，自不待言。（今梁书卷二十四萧景传不载勃事，南史卷五十一吴平侯景传附有勃始末，但甚简略。）若后人妄造序中此节，何能冥会如是，斯必得有真实资料，以为依据。至承圣三年为甲戌而非癸酉，则记述偶差，事所恒有，毋庸置疑。此所谓年月地理之关系也。

梁书卷六敬帝纪（南史卷八梁本纪下同）略云：

太平二年（此年即五五七年）二月太保广州刺史萧勃举兵反。

从来举兵之人，无论其是非逆顺，必有自行建树之名号，否则将无以命令处置其部下，此不仅在六朝时如此也。在六朝时，此种自建之名号殊有一定之方式及称谓，已成为朝章国故，非后来不预政治不习掌故之佛教僧侣所能知悉而伪造者也。伪序中称萧勃之官衔为：假黄钺大将军。

考晋书卷十安帝纪略云：

元兴三年三月景戌以幽逼于（桓）玄，万机虚旷，令武陵王遵依旧典承制总百官行事，加侍中。

同书卷六十四武陵忠敬王遵传云：

朝廷称受密诏，使遵总摄万机，加侍中大将军，移入东宫，内外毕敬，迁转百官，称制书。

宋书卷一武帝纪（南史卷一宋本纪上同）云：

（元兴三年）四月奉武陵王遵为大将军，承制。

南朝从此以为故事。如南齐书卷八和帝纪（南史卷五齐本纪下同）云：

（中兴元年）十二月丙寅建康城平。己巳，皇太后令，以梁王为大司马，录尚书事，骠骑大将军扬州刺史。封建安郡

◎ 敦煌－第139A号窟 左壁[1]

公。依晋武陵王遵承制故事，百僚致敬。

梁书卷一武帝纪（南史卷六梁本纪上同）略云：

（中兴元年）十二月丙寅，宣德皇后授高祖中书监都督扬南徐二州诸军事大司马录尚书骠骑大将军扬州刺史。封建安郡

1 敦编第320窟，主室北壁。伯希和原编号“139A”系“139”的误解。该图描绘观无量寿经变。

公，食邑万户。给班剑四十人。黄钺侍中征讨诸军事并如故。依晋武陵王遵承制故事。

同书卷五世祖纪（南史卷八梁本纪下同）云：

（太清）三年三月侯景寇没京师。四月太子舍人萧歆至江陵，宣密诏，以世祖为侍中假黄钺大都督中外诸军事司徒承制，余如故。

夫萧勃举兵必自立名号，其立名号必求之相传旧典。今梁陈书及南史皆记载勃举兵始末至简。伪序中所述勃之名号，乃远依晋武陵王遵承制故事，近袭梁元帝自立成规，深切适合南朝之政治掌故。若谓后世僧徒绝无真实根据而能杜撰如此，殊于事理不通。此所谓官制掌故之关系也。

依上述二理由，故鄙意以为此序虽是伪造，而伪序中却有真史料。至以前考证大乘起信论之伪者，多据历代三宝记立论。其实费书所记真谛翻译经论之年月地址亦有问题，殊有再加检讨之必要。其例如近日刊布之日本正仓院天平藏金光明经僧隐序即与历代三宝记卷十一所载者微有参差是也。兹以此事轶出是篇范围，故不置论。

（原载一九四八年十二月燕京学报第三十五期）

武曌[1]与佛教

◎ 武则天

1 武曌（zhào），即武则天

（甲）本文讨论之范围

李义山文集卷四记宜都内人事略云：

武后篡既久，颇放纵，躭内习，不敬宗庙。四方日有叛逆，防豫不暇。时宜都内人以唾壶进，思有以谏。后坐帷下倚檀机，与语，问四方事。宜都内人曰：大家知古女卑于男耶？后曰：知。内人曰：古有女娲，亦不正是天子，佐伏羲理九州耳。后世娘姥有越出房阁断天下事者，皆不得其正，多是辅昏主，不然抱小儿。独大家革天姓，改去钗钏，袭服冠冕，符瑞日至，大臣不敢动，真天子也。大家始今日能屏去男妾，独立天下，则阳之刚亢明烈可有矣。如是过万万世，男子益削，女子益专。妾之愿在此。后虽不能尽用，然即日下令诛作明堂者。（寅恪案，此指薛怀义。）

寅恪案，武曌在中国历史上诚为最奇特之人物，宜都内人之语非夸词，皆事实也。自来论武曌者虽颇多，其实少所发明。兹篇依据旧史及近出佚籍，参校推证，设一假定之说，或于此国史上奇特人物之认识，亦一助也。但此文所讨论者，仅以武曌与佛教之关系为范围，即其母氏家世宗教信仰之熏习及其本身政治特殊地位之证明二点。其他政治文化等问题与武曌有关者，俱不涉及，以明界限。

（乙）杨隋皇室之佛教信仰

南北朝诸皇室中与佛教关系最深切者，南朝则萧梁，北朝则杨隋，两家而已。两家在唐初皆为亡国遗裔。其昔时之政治地位，虽已丧失大半，然其世代遗传之宗教信仰，固继承不替，与梁隋盛日无异也。请先以萧梁后裔萧瑀之事证之。

旧唐书卷六十三萧瑀传略云：

瑀字时文。高祖梁武帝。曾祖昭明太子。祖察，后梁宣帝。父岿，明帝。好释氏，常修梵行，每与沙门难及苦空，必诣微旨。太宗以瑀好佛道，尝赉绣佛像一躯，并绣瑀形状于佛像侧，以为供养之容。又赐王褒所书大品般若经一部，并赐袈裟，以充讲诵之服焉。会瑀请出家，太宗谓曰：甚知公素爱桑门，今者不能违意。瑀旋踵奏曰：臣顷思量，不能出家。太宗以对群臣吐言而取舍相违，心不能平。瑀寻称足疾，时诣朝堂，又不入见。太宗谓侍臣曰：瑀岂不得其所乎？而自慊如此。遂手诏曰：至于佛教，非意所遵。虽有国之常经，固弊俗之虚术。何则？求其道者，未验福于将来。修其教者，翻受辜于既往。至若梁武穷心于释氏，简文锐意于法门，倾帑藏以给僧祇，殚人力以供塔庙。及乎三淮沸浪，五岭腾烟，假余息于熊蹯，引残魂于雀鷇。子孙覆亡而不暇，社稷俄顷而为墟。报施之征，何其缪也。而太子太保宋国公瑀践覆车之余轨，袭亡国之遗风。弃公就私，未明隐显之际。身俗口道，莫辨邪正之心。修累叶之殃源，祈一躬之福本。上以违忤君主，下则扇习浮华。往前朕谓张亮云：卿既事佛，何不出家？瑀乃端然自应，请先入道。朕即许之，寻复不用。一回一惑，在于瞬息之间，自可自否，变于帷扆之所。乖栋梁之大体，岂具瞻之量乎？朕犹隐忍至今，瑀尚全无悛改。宜即去兹朝阙，出牧小藩。可商州刺史，仍除其封。

唐释彦悰护法沙门法琳别传中载贞观十一年正月（适园丛书本唐大诏令集卷一一三作二月）道士女冠在僧尼之上诏略云：

至于佛教之兴，基于西域。爰自东汉，方被中华。神变之理多方，报应之缘匪一。暨乎近世，崇信滋深。人冀当年之福，家惧来生之祸。由是滞俗者闻玄宗而大笑，好异者望真谛而争归。始波涌于闾里，终风靡于朝廷。遂使殊俗之典，郁为众妙之先。诸夏之教，翻居一乘之后。流遯忘反，于兹累代。朕夙夜寅畏，缅惟至道。思革前弊，纳诸轨物。况朕之本系，出自柱下。鼎祚克昌，既凭上德之庆。天下大定，亦赖无为之功。宜有解张，阐兹玄化。自今已后，齐供行立。至于讲论，道士女冠宜在僧尼之前。庶敦本系之化，畅于九有。尊祖宗之风，贻诸万叶。

◎ 敦煌-第8号窟 左壁第二幅[1]

1 主室南壁。莫高窟五代第146窟主室南壁东起第二铺法华经变，下画供养菩萨像并贤愚经变情节局部。画面正中为释加“灵鹫会”。

观上录唐太宗两诏，知佛教自隋文帝践祚复兴以来，至唐太宗贞观十一年，始遭一严重之压迫。前此十年，即唐高祖武德九年五月虽有沙汰僧尼道士女冠之诏，其实并未实行。（详见旧唐书卷一高祖纪及通鉴卷一九一武德九年五月辛巳下诏命有司沙汰天下僧尼道士女冠条。）且彼时诏书，兼涉道士女冠，非专为僧尼而发也。盖佛教自北周武帝废灭以后，因隋文帝之革周命而复兴。唐又代隋，以李氏为唐国姓之故，本易为道士所利用。而太宗英主，其对佛教，虽偶一褒扬，似亦崇奉者。如贞观三年闰十二月癸丑为殒身戎阵者建立寺刹（见旧唐书卷二及新唐书卷二太宗纪），及优礼玄奘等（详见慈恩大师传卷六），皆其显著之例。其实太宗于此等事皆别有政治作用。若推其本心，则诚如其责萧瑀诏书所谓“至于佛教，非意所遵”者也。当日佛教处此新朝不利环境之中，惟有利用政局之变迁，以恢复其丧失之地位。而不意竟于“袭亡国遗风”之旧朝别系中，觅得一中兴教法之宗主。今欲论此中兴教法宗主之武曌与佛教之关系，请先略述其外家杨隋皇室崇奉释氏之事实于下：

唐释道宣集古今佛道论衡实录卷二隋两帝重佛宗法俱受归戒事条云：

案隋著作郎王邵述隋祖起居注云：帝以后魏大统七年六月十三日生于同州般若尼寺。于时赤光照室，流溢户外，紫气满庭，状如楼阁，色染人衣，内外惊异。帝母以时炎热，就而扇之，寒甚几绝，因不能啼。有神尼名曰智仙，河东刘氏女也。少出家，有戒行。和尚失之，恐堕井，乃在佛屋，俨然坐定，遂以禅观为业。及帝诞日，无因而至。语太祖曰：儿天佛所佑，勿忧也。尼遂名帝为那罗延，言如金刚不可坏也。又曰：儿来处异伦，俗家秽杂，自为养之。太祖乃割宅为寺，以儿委尼，不敢召问。后皇妣来抱，忽化为龙，惊惶堕地。尼曰：何因妄触我儿，遂令晚得天下。及年七岁，告帝曰：儿当大贵，从东国来。佛法当灭，由儿兴之。尼沈静寡言，时道吉凶，莫不符验。初在寺养帝，年至十三，方始还家。及周灭二教，尼隐皇家。帝后果自山东入为天子，重兴佛法，皆如尼言。及登位后，每顾群臣，追念阿阇黎，以为口实。又云：我兴由佛法，而好食麻豆，前身似从道人中来。由小时在寺，至今乐闻钟声。乃命史官为尼作传。帝昔龙潜所经四十五州，及登极后，悉皆同时起大兴国寺。仁寿元年帝及后宫同感舍利，并放光明，以槌试之，宛然无损。遂前后置塔诸州百有余所。皆置铭勒，隐于地府。感发神端，充牣耳目。具如王邵所撰感应传。所以周祖窃忌黑衣当王，便摧灭佛法。莫识隋祖元养佛家。王者不死，何由可识。（参考道宣续高僧传卷二十六感通篇隋释道密传。）

隋书卷一高祖纪（北史卷十一隋本纪同）云：

皇妣吕氏，以大统七年六月癸丑夜，生高祖于冯翊般若寺，紫气充庭。有尼来自河东，谓皇妣曰："此儿所从来甚异，不可于俗间处之。"尼将高祖舍于别馆，躬自抚养。皇妣尝抱高祖，忽见头上角出，遍体鳞起。皇妣大骇，坠高祖于地。尼自外入，见曰："已惊我儿，致令晚得天下。"

道宣广弘明集卷十七隋安德王雄百官等庆舍利感应表云：

其（蒲州）栖岩寺者，即是太祖武元皇帝之所建造。

寅恪案，帝王创业，史臣记述，例有符瑞附会之语，杨隋之兴，何得独异？但除去此类附会例语之外，有可注意者二事：一为隋高祖父母之佛教信仰，一为隋高祖本身幼时之佛教环境。夫杨氏为北周勋戚，当北周灭佛之时，而智仙潜匿其家，则杨氏一门之为佛教坚实信徒，不随时主之好恶转移，于此益可以证明也。

隋书叁卷三十五籍志道佛经类云：

开皇元年，高祖普诏天下，任听出家。仍令计口出钱，营造经像。而京师及并州相州洛州等诸大都邑之处，并官写一切经，置于寺内，而又别写藏于秘阁。天下之人从风而靡，竞相景慕。民间佛经多于六经数十百倍。（参阅通鉴卷一七五陈纪宣帝太建十三年隋主诏境内之民任听出家条。)

续高僧传卷八隋释昙延传略云:

隋文创业，未展度僧。延初闻改政，即事剃落。法服执锡，来至王庭。帝奉闻雅度，欣泰本怀。共论开化之模，孚化之本。延以寺宇未广，教法方隆。奏请度僧，以应千二百五十比丘五百童子之数。敕遂总度一千余人，以副延请。此皇隋释化之开业也。尔后遂多，凡前后别请度者，应有四千余僧。周废伽蓝并请兴复。三宝再弘，功兼初运者，又延之力矣。

寅恪案，周武帝废灭佛教。隋文帝代周自立，其开国首政即为恢复佛教。此固别有政治上之作用，而其家世及本身幼时之信仰，要为一重要之原因，则无疑也。至于炀帝，在中国历史上通常认为弑父弑君荒淫暴虐之主，与桀纣幽厉同科，或更不如者。然因其崇奉佛教，尤与天台宗创造者智者大师有深切之关系之故，其在佛教中之地位，适与其在儒家教义中者相反，此乃吾国二种不同文化价值论上之问题，不止若唐代改易汉书古今人表中老子等级之比也。此问题非兹篇所能详论，今但择录天台宗著述中与此问题有关之文，略附诠释，以供参证。

南宋天台宗僧徒志盘撰佛祖统纪卷三十九开皇十一年晋王

广受菩萨戒于智者大师条述曰：

世谓炀帝禀戒学慧，而弑父代立。何智者不知预鉴耶？然能借阇王之事以比决之，则此滞自销。故观经疏释之，（寅恪案，此指智者大师之观无量寿佛经疏。）则有二义：一者事属前因，由彼宿怨，来为父子。故阿阇世此云："未生怨。"二者大权现逆，非同俗间恶逆之比。故佛言："阇王昔于毗婆尸佛发菩提心，未尝堕于地狱。"（原注："涅盘经云。"寅恪案，此语出北本大涅盘经卷二十梵行品第八之七末段。）又佛为授记，却作后佛，号"净身"。（原注："阇王受决经。"寅恪案，今此经文作"净其所部"。志盘所据本"其"作"身"字，故云"净身"。）又"阇王未受果而求忏，令无量人发菩提心"。（寅恪案，原本此处有"垂裕记"三字。今移置下文"孤山"二字之下。）有能熟思此等文意，则知智者之于炀帝，鉴之深矣。故智者自云："我与晋王深有缘契。"今观其始则护庐山主玉泉，终则创国清，保龛垄。而章安结集，十年送供。（原注："事见智者本纪。"寅恪案，见佛祖统纪陆智者纪。原注本在篇末，今移于此。）以此比知，则炀帝之事，亦应有前因现逆二者之义。孤山（垂裕记）云："菩萨住首楞严定者或现无道，所以为百王之监也。"（寅恪案，此语见孤山即智圆维摩经略疏垂裕记一。）

寅恪案，阿阇世王为弑父弑君之恶主。然佛教经典如大涅盘经梵行品则列举多种理由，以明其无罪。非但无罪，如阿阇世王受决经且载其未来成佛之预言。智圆之书，成于北宋初期，志盘之书，成于南宋季世，虽皆较晚，疑其所论俱出于唐代天台宗相承之微言，而非二人之臆说也。夫中国佛教徒以隋炀帝比于阿阇世王，则隋炀在佛教中，其地位之尊，远非其他中国历代帝王所能并论。此点与儒家之评价适得其反。二种文化之同异是非，于此不必讨论。但隋文帝重兴释氏于周武灭法之后，隋炀帝又隆礼台宗于智者阐教之时，其家世之宗教信仰，固可以推测得知。而武曌之母杨氏既为隋之宗室子孙，则其人之笃信佛教，亦不足为异矣。兹节录旧史及佛藏之文于后，以资证明。

旧唐书卷一八三外戚传（新唐书卷二〇六外戚传同）略云：

初（武）士彟娶相里氏，又娶杨氏，生三女。长适越王府功曹贺兰越石，次则天，次适郭氏。则天立为皇后，追赠士彟为司徒周忠孝王，封杨氏代国夫人。贺兰越石早卒，封其妻为韩国夫人。寻杨氏改封为荣国夫人。咸亨二年荣国夫人卒。

新唐书卷一百杨恭仁传（旧唐书卷六十二杨恭仁传略同）略云：

杨恭仁，隋（司空）观王雄子也。执柔，恭仁从孙，历地官尚书。武后母即恭仁叔父达之女。及临朝，武承嗣攸宁相继用事。后曰："要欲我家及外氏常一人为宰相。"乃以执柔同中书门下三品。

新唐书卷七十一下宰相世系表杨氏观王条云：

达字士达。隋纳言，始安泰侯。（寅恪案，隋书卷四十三、北史卷六十八杨达传“泰”作“恭”，应据改。）

旧唐书卷五十二后妃传下玄宗元献皇后杨氏传（新唐书卷

◎ 敦煌－第12号窟 左侧前壁[1]

1 莫高窟第150窟前室南壁清画道教神将七身。

七十六后妃传上同）云：

玄宗元献皇后杨氏，弘农华阴人。曾祖士达。隋纳言。天授中以则天母族，追封士达为郑王，赠太尉。

钱易南部新书甲云：

龙朔中杨思玄恃外戚典选，多排斥选士。

新唐书卷七十一下宰相世系表杨氏观王房条云：

思玄，吏部侍郎。

寅恪案，依据上述，可知武曌之母杨氏为隋宗室观王雄弟始安侯达之女。观王雄者，即前引广弘明集卷十七隋安德王雄百官等度舍利感应表之安德王雄。雄及其弟达事迹，详见周书卷二十九、隋书卷四十三及北史卷六十八等本传，兹不备录。此武曌血统与杨隋关系之可推寻者。自来论史者多不及此事，其实此点甚可注意也。

唐释彦悰所编之沙门不应拜俗等事卷三载龙朔二年四月二十七日西明寺僧道宣等上荣国夫人杨氏请论沙门不合拜俗启一首，下注云：

夫人帝后之母也。敬崇正化，大建福门，造像书经，架筑相续。出入宫禁，荣问莫加。僧等诣门致书云尔。

又彦悰书卷六尚载有龙朔二年八月十三日西明寺僧道宣等重上荣国夫人杨氏请论不合拜亲启一首。据此可知武曌之母杨氏必为笃信佛教之人，故僧徒欲借其力以保存不拜俗之教规。至杨氏所以笃信佛教之由，今以史料缺乏，虽不能确言，但就南北朝人士其道教之信仰，多因于家世遗传之事实推测之，（参阅拙著天师道与滨海地域之关系。）则荣国夫人之笃信佛教，亦必由杨隋宗室家世遗传所致。荣国夫人既笃信佛教，武曌幼时受其家庭环境佛教之熏习，自不待言。又据伦敦博物馆藏敦煌写本大云经疏（见罗福苌沙州文录补）中：

伏承神皇幼小时已被缁服

之语，则武曌必在入宫以前，已有一度正式或非正式为沙弥尼之事。所以知者，据通鉴考异卷十贞观十一年武士彟女年十四入宫条云：

旧则天本纪：崩时年八十二。唐历、焦璐唐朝年代记、统记、马总唐年小录、圣运图、会要皆云八十一。唐录政要：贞观十三年入宫。据武氏入宫年十四。今从吴兢则天实录为八十二。故置此年。

若依君实之考定，武曌既于贞观十一年年十四岁入宫，则贞观二十三年太宗崩后，出宫居感业寺为尼时，其年已二十六岁。以二十六岁之年，古人决不以为幼小。故幼小之语，显指武曌年十四岁未入宫以前而言。然则武曌幼时，即已一度正式或非正式为沙弥尼。其受母氏佛教信仰影响之深切，得此一事更可证明矣。后来僧徒即借武曌家庭传统之信仰，以恢复其自李唐开国以来所丧失之权势。而武曌复转借佛教经典之教义，以证明其政治上所享之特殊地位。二者之所以能彼此互相利用，实有长久之因缘，非一朝一夕偶然所可致者，此本篇所讨论问题之第一点也。

（丙）武曌与佛教符谶之关系

儒家经典不许妇人与闻国政。其显著之例如尚书牧誓云：

牝鸡无晨。牝鸡之晨，惟家之索。

伪孔传云：

雌代雄鸣则家尽；妇夺夫政则国亡。

诗大雅瞻卬云：

如贾三倍。君子是识。妇无公事。休其蚕织。

毛传云：

妇人无与外政，虽王后犹以蚕织为事。

郑笺云：

贾物而有三倍之利者，小人所宜知也。君子反知之，非其宜也。今妇人休其蚕桑织纴之职，而与朝庭之事，其非宜亦犹是也。

观此即知武曌以女身而为帝王，开中国政治上未有之创局。如欲证明其特殊地位之合理，决不能于儒家经典求之。此武曌革唐为周，所以不得不假托佛教符谶之故也。考佛陀原始教义，本亦轻贱女身。如大爱道比尼经下所列举女人之八十四态，即是其例。后来演变，渐易初旨。末流至于大乘急进派之经典，其中乃有以女身受记为转轮圣王成佛之教义。此诚所谓非常异义可怪之论也。武曌颁行天下以为受命符谶之大云经，即属于此大乘急进派之经典。其原本实出自天竺，非中国所伪造也。

近岁敦煌石室发见大云经疏残卷。王国维氏为之跋尾，考证甚确。（并见沙州文录补。）兹节录其文与本篇主旨有关者于后，并略附以诠释。凡王氏跋中所已详者，皆不重论。但佛典原文王跋未及备载，兹亦补录其有关者，以资参校，而便说明。

大云经疏王氏跋云：

◎ 敦煌－第135号窟 右壁[1]

1　敦编第428窟，北壁。图中是北壁中栏东起第二铺的降魔变。作为释迦牟尼的“四相”之一。

卷中所引经曰及经记云云，均见后凉昙无谶所译大方等无想经。此经又有竺法念译本，名大云无想经。昙公译本中亦屡见“大云”字，故知此为大云经疏也。（寅恪案，竺法念应作竺佛念，盖王氏偶尔笔误。至昙无谶所译，仅高丽藏本作大方等无想经，其余宋元明等藏及日本宫内省所藏诸本俱作大方等大云经也。）案旧唐书则天皇后本纪：“载初元年，有沙门十人伪撰大云经，表上之，盛言神皇受命之事。制颁于天下，令诸州各置大云寺，总度僧千人。”又薛怀义传：“怀义与法明等造大云经，陈符命，言则天是弥勒下生，作阎浮提主，唐氏合微。故则天革命称周。其伪大云经颁于天下，寺各藏一本，令升高座讲说。”新唐书后妃传所纪略同。宋次道长安志记大云寺经亦云：“武太后初，光明寺沙门进大云经，经中有女主之符，因改为大云寺。”皆以此经为武后时伪造。然后凉译本之末，固详说黑河女主之事，故赞宁僧史略谓“此经晋代已译，旧本便曰女王，于时岂有天后”云云，颇以唐书之说为非。志盘佛祖统纪从之，故于武后载初元年书“勅沙门法朗九人重译大云经”，不云伪造。今观此卷所引经文，皆与凉译无甚差池。岂符命之说皆在疏中，经文但稍加缘饰，不尽伪托欤？又此疏之成，盖与伪经同颁天下。故敦煌寺中尚藏此残卷。

寅恪案，武曌之颁行大云经于全国，与新莽之“遣五威将军王奇等十二人班符命四十二篇于天下”（见汉书卷九十九中王莽传）正同一政治作用。盖革命开国之初，对于民众宣传及证明其新取得地位之合理也。今检昙无谶译大方等大云经卷四大云初分如来涅盘健度第三十六略云：

佛告净光天女言：汝于彼佛暂一闻大涅盘经。以是因缘，今得天身。值我出世，复闻深义。舍是天形，即以女身当王国土，得转轮王所统领处四分之一。（寅恪案，此武曌所以称金轮皇帝之故。）汝于尔时实为菩萨。为化众生，现受女身。

又同经卷六大云初分增长健度第三十七之余略云：

我涅盘已七百年后，是南天竺有一小国，名曰无明。彼国有河，名曰黑暗。南岸有城，名曰谷熟。其城有王，名曰等乘。其王夫人产育一女，名曰增长。其王未免忽然崩亡。尔时诸臣即奉此女以继王嗣。女既承正，威伏天下。阎浮提中所有国土悉来承奉，无拒违者。

寅恪案，观昙无谶译大方等大云经之原文，则知不独史籍如旧唐书等之伪造说为诬枉，即僧徒如志盘辈之重译说，亦非事实。今取敦煌残本，即当时颁行天下以为受命符谶之原本，与今佛藏传本参校，几全部符合。间有一二字句差池之处，而意义亦无不同。此古来书册传写所习见者，殊不能据此以为有歧异之二译本也。又因此可知薛怀义等当时即取旧译之本，附以新疏，巧为附会。其于昙本原文，则全部袭用，绝无改易。既不伪造，亦非重译。然则王跋以为“经文但稍加缘饰，不尽伪托”，又云：“此疏之成，盖与伪经同颁天下。”则尚有未谛也。盖武曌政治上特殊之地位，既不能于儒家经典中得一合理之证明，自不得不转求之于佛教经典。而此佛教经典若为新译或伪造，则必假托译主，或别撰经文。其事既不甚易作，其书更难取信于人。仍不如即取前代旧译之原本，曲为比附，较之伪造或重译者，犹为事半而功倍。由此观之，近世学者往往以新莽篡汉之故，辄谓古文诸经及太史公书等悉为刘歆所伪造或窜改者，其说殆不尽然。寅恪不敢观三代两汉之书，固不足以判决其是非。而其事亦轶出本篇范围之外，尤不必涉及。但武曌之颁行大云经与王莽之班符命四十二篇，其事正复相类，自可取与并论。至若李思顺解释大云经以为唐兴之符命一案，则又“刘秀当为天子”之类也。（见通典卷一六九刑典七守正门。）此类政治与符谶关系，前人治史，多不知其重要，故特辨之如此。佛教在李唐初期为道教所压抑之后，所以能至武周革命而恢复其杨隋时所享之地位者，其原因固甚复杂，而其经典教义可供女主符命附会之利用，要为一主因。兹逐录唐大诏令集卷一一三所载武周天授二年三月释教在道教之上制以为证明。

朕先蒙金口之记，又承宝偈之文。历教表于当今，本愿标于曩劫。大云阐奥，明王国之祯符，方寺（寅恪案，“寺”当作“等”，即指大方等大云经而言。）发扬，显自在之丕业。驭一境而敦化，弘五戒以训人。爰开革命之阶，方启维新之命。宜协随时之义，以申自我之规。虽实际如如，理忘于先后，而翘心恳恳，思展于勤诚。自今以后，释教宜在道法之上，缁服处黄冠之前，庶得道有识以归依，极群生于回向。布告遐迩，知联意焉。

观此制文，凡武曌在政治上新取得之地位，悉与佛典之教义为证明，则知佛教符谶与武周革命之关系，其深切有如是者。此本篇所讨论问题之第二点也。

（丁）结论

自贞观十一年（公历六三七年）正月，（或二月，见乙章。）诏道士女冠在僧尼之上（诏文见乙章）。历五十四年至天授二年（公历六九一年）三月，周已革唐命，而有释教在道法之上之制（制文见丙章）。又历二十年唐室中兴之后，景云二年（公历七一一年），复敕僧道齐行并进（敕文见唐大诏令集卷一一三）。约而论之，凡有三变。若通计自隋炀帝大业之世迄于唐睿宗景云之初，此一百年间佛教地位之升降，与当时政治之变易，实有关系。而与此百年间政治上三大怪杰即隋炀帝唐太宗及武曌尤多所关涉。故综合前后政治之因果，依据中西文化之同异，类次旧文，间附臆说，成此短篇，以供研求国史中政治与宗教问题者之参证。

兹有间接与大云经有关之谢灵运辩宗论中华夷分别一点，略论述之如下。但衹就此端范围推论，其余涉及佛教大小乘教义之演变诸问题，则概从省略，以免枝蔓。严可均辑全宋文卷三十二谢灵运辩宗论云：

华民易于见理，难于受教，故闭其累学，而开其一极。夷人易于受教，难于见理，故闭其顿了，而开其渐悟。渐悟虽可至，昧顿了之实，一极虽知寄，绝累学之冀。良由华人悟理无渐，而诬道无学，夷人悟理有学，而诬道有渐。是故权实虽同，其用各异。

寅恪案，灵运文中所讨论者，在华人主顿夷人主渐一事，专为道生之大涅盘经而发。

慧皎高僧传卷七义解肆竺道生传略云：

又六卷泥洹先至京都，生剖析经理，洞入幽微，乃说一阐提人皆得成佛。于时大本未传，孤明先发，独见忤众，于是旧学以为邪说，讥愤滋甚，遂显大众摈而遣之。后涅盘大本至于南京，果称阐提悉有佛性，与前所说合若符契。

今据同书卷二昙无谶传略云：

（谶）往罽宾赍大涅盘前分十卷。顷之，复进到姑臧，译写初分十卷。次译大集，大云，悲华，地持，优婆塞戒，金光明，海龙王菩萨戒本等六十余万言。谶以涅盘经本品数未足，还外国究寻。后于于阗更得经本中分，复还姑臧译之。后又遣使于阗寻得后分，于是续译为三十三卷。

然则一阐提可以成佛之大涅盘经出于于阗，确有证明。

玄奘大唐西域记卷十二瞿萨旦那国：

王城东南五六里，有鹿射僧伽蓝，此国先王妃所立也。昔者此国未知桑蚕，闻东国有之，命使以求。时东国君秘而不赐，严敕关防，无令桑蚕种出也。瞿萨旦那王乃卑辞下礼，求婚东国，国君有怀远之志，遂允其请。瞿萨旦那王命使迎妇而诫曰，尔致辞东国君女，我国素无丝绵，桑蚕之种，可以持来，自为裳服。女闻其言，密求其种，以桑蚕之子置帽絮中。既至关防，主者遍索，唯王女帽不敢以检，遂入瞿萨旦那国，止鹿射伽蓝故地。方备仪礼，奉迎入宫，以桑蚕种留于此地，阳春告始，乃植其桑。蚕月既临，复事采养。初至也，尚以杂叶飦之，自时厥后，桑树连荫，王妃乃刻石为制，不令伤杀，蚕蛾飞尽，乃得治茧，敢有犯违，明神不佑，遂为先蚕，建此伽蓝。数株枯桑，云是本种之树也。故今此国有蚕不杀，窃有取丝者，来年辄不宜蚕。

及北史卷九十七西域传于阗国传（参魏书卷一百二十西域传）云：

自高昌以西，诸国人等，深目高鼻，唯此一国，貌不甚胡，颇类华夏。

可见于阗之地，旧为华夏民族移居之土。大涅盘经既出于阗，又主张顿悟，灵运谓华人主顿悟，殊有根据，未可以想象之空论目之也。

历代三宝记卷十二新合大集经条略云：

于阗东南二千余里，有遮拘迦国，彼王纯信敬重大乘。彼土又称，此国东南二十余里，有山甚险，其内安置大集，华严，方等，宝积，楞伽，方广舍利，弗陀罗尼，华聚陀罗尼，都萨罗藏，摩诃般若，八部般若，大云经等凡十二部，皆十万偈。

寅恪按，历代三宝记所引此文与澄观大方广佛华严经随疏演义钞卷十五所录文字略有出入，遮拘迦作遮拘盘，藏大云经等十二部作十一部。盘与迦表面似非同一对音，但王明清挥麈后录卷六云：

赵正夫（挺之）丞相元祐中与黄太史鲁直（庭坚）俱在馆阁，鲁直以其鲁人，意常轻之。每庖吏来问食次，正夫必曰：来日吃蒸饼。一日聚饭行令，鲁直云：欲五字从首至尾各一字，复合成一字。正夫沈吟久之曰，禾女委鬼魏。鲁直应声曰，来力敕正整。协正夫之音。阖座大笑。

然则赵挺之读饼为整，乃其乡音，可见迦与盘之对音互异，亦由当日地方之土音不同所致也。至于藏经部数，应以十一部为是。夫大云经虽未明言出于于阗国，但与于阗相邻近之遮拘迦国有关，确有明证。大唐西域记卷十二斫句迦国条略云：

周千余里，编户殷盛。临带两河，颇以耕植蒲萄梨柰。文字同瞿萨旦那国，言语有异。此国中大乘经典部数尤多，佛法至处，莫斯为盛也。十万颂为部者凡有十数，自兹已降，其流寔广，从此而东，踰岭越谷，行八百余里，至瞿萨旦那国。

册府元龟卷九六十外臣部土风二云：

（于阗）国人善铸铜器，其治曰西山城，有屋室市井，菓蓏菜蔬与中国等，尤信佛法。

可知遮拘迦国即大唐西域记中之斫句迦国。历代三宝记所云东南一千余里当是讹写，与西域记等所载，此国位置，绝不能有此辽远之里程也。此国崇尚大乘，文化虽较于阗为低，但其人仍属于阗之影响，据言文字与于阗国同。可证此大乘文

◎ 敦煌－第120G号窟左壁[1]

1　敦编第45窟，左壁。盛唐开凿。此画面为该窟南壁，内容为观音经变。

化，实从于阗而来。寅恪昔年与钢君和泰比较各种文字之金刚经，始知玄奘所译之本，源出自于阗文。是以较其他译本为繁。惜此稿本经已不见，故无从详加说明也。

综合言之，大云经虽不出于阗，但亦出自于阗相近之遮拘迦。据北史卷九十七西域传于阗国传略云：

土宜五谷并桑麻。城东有大水北流，号树枝水。城西十五里亦有大水名达利水，与树枝水会，俱北流。

达利河即土耳其语言之，Kara Kachi，Kara，为黑暗之义，与“土宜五谷并桑麻”等语，翊似皆可与大云经所言“有一小国，名曰无明。彼国有河，名曰黑暗。南岸有城，名曰熟谷”等文相印证。由是言之，武曌所据以女身得为帝王之教义，亦间接出自于阗，与谢灵运辩宗论及遮拘迦之华夏移民实有间接关系也。复曌因中国儒教等经典最重男轻女，不许女身得为帝王，故不得已求之于华夏民族以外之经典，借资宣传。殊不知女身得为帝王之说，实源出华夏移民所主张，此俗所谓家有祖传之宝，苟为子孙所忘，而别从他人求乞。斯真为中外学说历史之一奇事也。今述大云经教义已毕，聊举此端，以供好事之博雅通人一笑云尔。

附注

关于武曌与佛教符谶之问题，可参考矢吹庆辉博士著三阶教之研究及汤用彤先生所作同书之跋文。（载史学杂志第二卷第五十六期合刊。）总而言之，大周刊定众经目录不著录新译大云经，尤足证薛怀义等无重译或伪撰此经之事也。

（原载一九三五年十二月历史语言研究所集刊第五本第二份）

支愍度学说考

甲、材料

兹取关于支愍度之材料，条列于下：

世说新语假谲篇云：

愍（他书作慜，又作敏。）度道人始欲过江，与一伧道人为侣，谋曰：用旧义往江东，恐不办得食，便共立心无义。既而此道人不成渡。愍度果讲义积年。后有伧人来，先道人寄语云：为我致意愍度，无义那可立？治此计，权救饥尔，无为遂负如来也。

慧皎高僧传卷四晋豫章山康僧渊传略云：

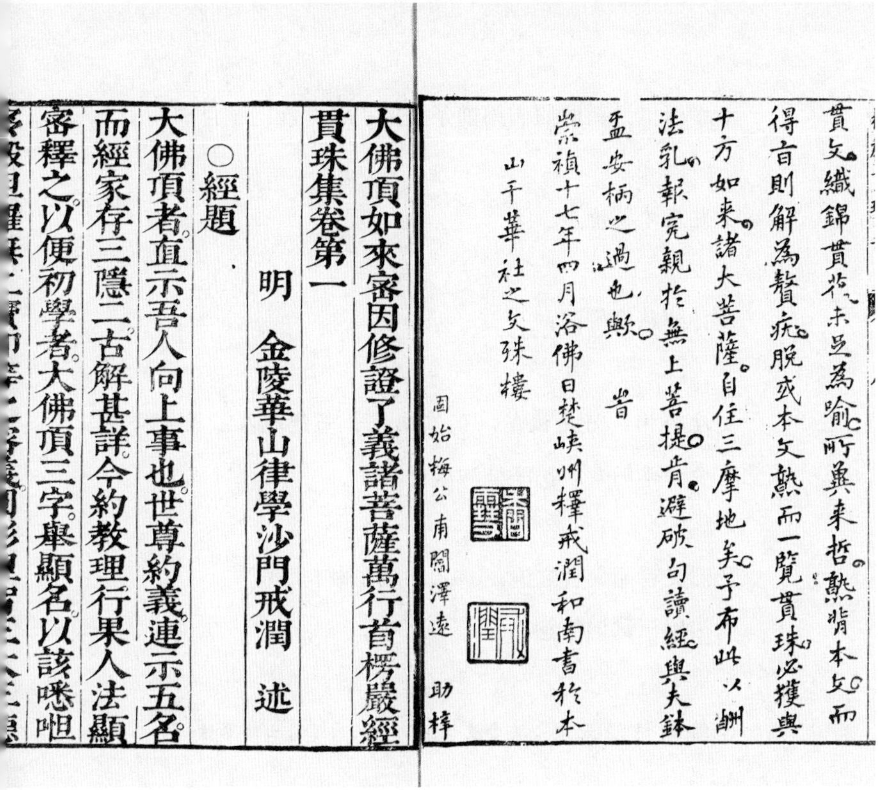

貫文織錦貫花未足為喻所冀來哲熟背本文而
得旨則解為贅疣脫或本文熟而一覽貫珠必獲與
十方如來諸大菩薩自住三摩地矣予布此以酬
法乳報究親於無上菩提肯避破句讀經與夫鉢
盂安柄之過也歟 旹
崇禎十七年四月浴佛日楚峽州釋戒潤和南書於本
山千華社之文殊樓
固始梅公甫 閻澤遠 助梓

大佛頂如來密因修證了義諸菩薩萬行首楞嚴經
貫珠集卷第一
明 金陵華山律學沙門戒潤 述
○經題
大佛頂者直示吾人向上事也世尊約義連示五名
而經家存三隱二古解甚詳今約教理行果入法顯
密釋之以便初學者大佛頂三字舉顯名以該隱咀

◎ 大佛顶首楞严经贯珠集十卷（明）释戒润述

（僧渊）晋成之世与康法畅支敏度等俱过江。敏度亦聪哲有誉，著译经录，今行于世。

据宗性名僧传抄所引宝唱名僧传目录，其卷一有外国法师晋豫章康僧渊传，别无支敏度传。以意揣之，当是敏度事迹，亦附载僧渊传中。盖慧皎著书，时代略后，宝唱旧本，多所承用，故名僧高僧二传，其文往往相同也。

刘孝标世说新语假谲篇前条注中引名德沙门题目曰：

支愍度才鉴清出。

及孙绰愍度赞曰：

支度彬彬，好是拔新。俱禀昭见，而能越人。世重秀异，咸竞尔珍。孤桐峄阳，浮磬泗滨。

及旧义者无义者之说。（见乙章所引，兹不重出。）

僧祐出三藏记集卷二云：

合维摩诘经五卷。（合支谦竺法护竺叔兰所出维摩诘三本，合为一部。）

合首楞严经八卷（合支谶支谦竺法护竺叔兰所出首楞严四本，合为一部，或为五卷。）。

右二部凡十三卷，晋惠帝世沙门支敏度所集。其合首楞严，传云，亦愍度所集。既阙注目，未详信否。

智升开元释教录卷十云：

经论都录一卷。（别录一卷。）

右东晋成帝豫章山沙门支敏度撰。其人总校古今群经，故撰都录。敏度又撰别录一部。

出三藏记集卷七有支敏度合首楞严经记，卷八有敏度法师合维摩诘经序。（见戊章所引，兹不重出。）据以上所征引，凡支愍度之事迹及著述，今日所可考见者，大概止此，且皆世人所习知也。兹就（一）何谓心无义？（二）心无义与“格义”之关系，（三）心无义之传授，（四）“格义”与“合本”之异同等问题，分为数章，依次讨论之。

乙、何谓心无义

刘孝标世说新语假谲篇前条注云：

旧义者曰：种智有是，而能圆照。然则万累斯尽，谓之空无。常住不变，谓之妙有。而无义者曰：种智之体，豁如太虚。虚而能知，无而能应。居宗至极，其唯无乎。

寅恪案，孝标所引新旧之义，皆甚简略，未能据此，遽为论断。然详绎“种智”及“有”“无”诸义，但可推见旧义者犹略能依据西来原意，以解释般若“色空”之旨。新义者则采用周易老庄之义，以助成其说而已。

僧肇不真空论云：

心无者，无心于万物，万物未尝无。此得在于神静，失在于物虚。

元康肇论疏上释此节云：

心无者，破晋代支愍度心无义也。世说注云：“愍度欲过江，与一伧道人为侣云云。”（已见上，不重录。）从是以后此义大行。高僧传云：“沙门道恒颇有才力，常执心无义，大行荆土。竺法汰曰：此是邪说，应须破之。乃大集名僧，令弟子昙一难之。据经引理，折驳纷纭。恒仗其口辩，不肯受屈。日色既暮，明旦更集。慧远就席攻难数番，问责锋起，恒自觉义途差异，神色渐动，麈尾扣案，未即有答。远曰：不疾而速，杼柚何为？坐者皆笑。心无之义于是而息。”今肇法师亦破此义。先叙其宗，然后破也。“无心万物，万物未尝无”者，谓经中言空者，但于物上不起执心，故言其空。然物是有，不曾无也。“此得在于神静，失在于物虚”者，正破也。能于法上无执，故名为“得”。不知物性是空，故名为“失”也。

寅恪案，元康引世说假谲篇前条竟，附以“从是而后，此义大行”之语。是其意与世说相同，皆以心无之义创始于愍度。其所引高僧传之文在慧皎书伍法汰传中。其意盖以为心无之义至道恒而息也。此等问题关于心无义之传授，当于（丁）章论之。今据肇公之说，知心无义者，仍以物为有。与主张绝对唯心论者不同。但心无义乃解释般若经之学说，何以转异于西来之原意？此其故当于（丙）章论之。

安澄中论疏记卷三末云：

疏云："第四温法师用心无义等"者，此下第三约心无义而为言之。山门玄义第五云：第一释僧温着心无二谛论云："有，有形也。无，无像也。有形不可无。无像不可有。而经称'色无'者，但内止其心，不空外色。"此一公破，反明色有，故为俗谛。心无，故为真谛也。不真空论云："心无者，无心于万物，万物未尝无。"述义云："破竺法温心无义。"二谛搜玄论云：晋竺法温为释法琛法师之弟子也。其制心无论云："夫有，有形者也，无，无像者也。然则，有象不可谓无，无形不可谓无（有？）。是故有为实有，色为真色。经所谓'色为空'者，但内止其心，不滞外色。外色不存，余情之内，非无如何？岂谓廓然无形，而为无色乎？"高僧（传）中沙门道恒执心无义，只是资学法温之义，非自意之所立。后支愍度追学前义。故元康师云：破支愍度心无义寻末忘本。

寅恪案，上列日本注疏所引中土已佚古书，足资考证，至可珍贵。今综合有关心无义之旧文，推论其说之所从出，及其正确解释。至法温法琛之为何人，与支愍度追学心无义之说，则关系心无义之传授，当于（丁）章论之。

高僧传卷四康僧渊传略云：

康僧渊，本西域人，生于长安。貌虽梵人，语实中国。容止详正，志业弘深。诵放光道行二般若，即大小品也。晋成之世，与康法畅、支敏度等俱过江。后于豫章山立寺，去邑数十里，带江傍岭，松竹郁茂。名僧胜达，响附成群。常以持心梵天经空理幽远，故偏加讲说。尚学之徒，往还填委。后卒于寺焉。

康僧渊之于支敏度殆亦世说所谓同谋立新义之伧道人乎？不过与俱过江为不同耳。今就僧渊所诵之放光道行二般若及偏加讲说之持心梵天经考之，足见此三经实为心无义所依据之圣典。僧渊与敏度之同过江，其关系决非偶然也。

（一）放光般若波罗蜜经二十卷，西晋无罗叉共竺叔兰译。其一假号品第三云：

舍利弗！用色空故，为非色。用痛想行识空故，为非识。色空故，无所见。痛空故，无所觉。想空故，无所念。行空故，无所行。识空故，不见识。何以故？色与空等无异。所以者何？色则是空，空则是色，痛想行识则亦是空。

据此，法温心无论之：

经所谓“色空”者，但内止其心，不滞外色。外色不存，余情之内，非无如何？

等句中，其所称之经，即指放光般若波罗蜜经而言。然则此经乃心无义之所依据。是一证也。

（二）道行般若波罗蜜经十卷，后汉支娄迦谶译。其卷一道行品第一云：

何以故？有心无心。舍利弗谓须菩提：云何有心无心？

据此，心无之语，实出自道行般若波罗蜜经开宗明义第一章之文。至其误解之处，暂置不论。然则此经亦为心无义之所依据。是又一证也。

（三）持心梵天所问经四卷，西晋竺法护译。其卷二问谈品第六云：

于是持心白世尊曰：至未曾有，天中之天，诸佛世尊，而无有心，因慧名心，心本清净。

据此，持心梵天所问经中亦有心无之说。僧渊与敏度结侣过江，而于此经偏加讲说，殆非无故。然则此经亦为心无义之所依据。是又一证也。

心无二字正确之解释果如何乎？请以比较方法定之。

与上引道行般若波罗蜜经道行品中“有心无心”之文同本而异译者，中文则有：

（一）吴支谦译大明度无极经卷一上行品之

是意非意，净意光明。（寅恪案，此又可与上引持心梵天所问经问谈品之“而无有心，因慧名心，心本清净”之语对勘。）

（二）苻秦昙摩蜱共竺佛念译摩诃般若波罗蜜抄经卷一道行品之

心无心，心者净。

（三）姚秦鸠摩罗什译小品般若波罗蜜经卷一初品之

是心非心，心相本净故。

（四）唐玄奘译大般若波罗蜜多经卷五百三十八第四份妙行品第一之一之

心非心性，本性净故。

（五）宋施护译佛母出生三法藏般若波罗蜜多经卷一了知诸

行相品第一之一之

彼心非心，心性净故。

等。藏文则有八千颂般若波罗蜜经（天清番经局本第三页下第一行）之hdi ltar sems de ni sems ma mchis pa ste sems kyi ran bshin ni hod gsal ba lags so 即梵文本八千颂般若波罗蜜经（Aṣṭasāhasrikā Prajñāpāramitā，ed. Raj Mitra，Bibliotheca Indica）之cittam acittam prakṛtic cittasya prabhāsvarā.

据梵文本及中藏诸译本，知道行般若波罗蜜经道行品之“有心无心”之句，即梵文本之cittam acittam。“心”即cittam。“无心”即acittam。而“无心”二字中文诸本除道行般若波罗蜜经及摩诃般若波罗蜜抄经外，其余皆译“非意”或“非心”。故知“无心”之“无”字应与下之“心”字联文，而不属于上之“心”字。“无心”成一名词。“心无”不成一名词。心无义者殆误会译文，失其正读，以为“有‘心无’心”，遂演绎其旨，而立心无之义欤？但此不仅由于误解，实当日学术风气有以致之。盖晋世清谈之士，多喜以内典与外书互相比附。僧徒之间复有一种具体之方法，名曰“格义”。“格义”之名，虽罕见载记，然曾盛行一时，影响于当日之思想者甚深，固不可以不论也。

丙、心无义与“格义”之关系

出三藏记集卷八僧睿毗摩罗诘提经义疏序云：

自慧风东扇，法言流咏已来，虽曰讲肄，“格义”迂而乖本，六家偏而不即；性空之宗，以今验之，最得其实。然炉冶之功，微恨不尽。当是无法可寻，非寻之不得也。何以知之？此土先出诸经于识神性空，明言处少，存神之文，其处甚多。中百二论文未及此，又无通鉴，谁与正之？先匠所以辍章于遐慨，思决言于弥勒者，良在此也。

安澄中论疏记卷三末略云：

如肇论述义第四卷引睿法师净名经序云云，（同上文所引，故略之。）然即什公未翻四论之前，玄义多谬，于理犹疑，故欲待见弥勒决耳。别记云：“格义”者，约正言也。“乖本”者，已成边义也。“六家”者，空假名不空假名等也。“偏而不即”者，未依正义。述义云：“格义迂等”者，无得之义，还成有得之义。言“六家”者，梁释宝唱作续法论（寅恪案，道宣续高僧传卷一宝唱传作续法轮论。）云：“宋释昙济作六家七宗论。论有六家，分成七宗。一本无宗，二本无异宗，三即色宗，四心无宗，五识含宗，六幻化宗，七缘会宗。”今此言“六家”者，一深法师本无，二关内即色，余皆同前也。

寅恪案，安澄所引旧疏其释六家之义甚详。独“格义”之诂殊空泛不切。殆已不得其解，而强为之说也。

高僧传卷四晋高邑竺法雅传云：

竺法雅，河间人。凝正有器度，少善外学，长通佛义，衣冠仕子咸附咨禀。时依雅门徒，并世典有功，未善佛理。雅乃与康法朗等，以经中事数拟配外书，为生解之例，谓之“格义”。及毗浮昙相等亦辩“格义”，以训门徒。雅风采洒落，善于枢机，外典佛经递互讲说，与道安法汰每披释凑疑，共尽经要。

又高僧传卷五晋飞龙山释僧光传云：

释僧光，冀州人。常山渊公弟子。性纯素有贞操。为沙弥时与道安相遇于逆旅，安时亦未受具戒，因共披陈志慕，神气慷慨。临别相谓曰：若俱长大，勿忘同游！光受戒已后，厉行精苦，学通经论。值石氏之乱，隐于飞龙山，游想岩壑，得志禅慧。道安后复从之，相会欣喜，谓昔誓始从。因共披文属思，新悟尤多。安曰：先旧“格义”于理多违。光曰：且当分析逍遥，何容是非先达。安曰：弘赞理教，宜令允惬。法鼓竞鸣，何先何后？光乃与安汰（法汰）等南游晋平，讲道弘化。后还襄阳，遇疾而卒。

据此，“格义”之正确解释应如法雅传所言。而道安、法汰诸人即性空本无义之创造者，其先实与“格义”有关。法雅僧光二传是其明证。但法雅传中“以经中事数拟配外书，为生解之例”，数语尚不甚易解。考世说新语文学篇云：殷中军被废。徙东阳，大读佛经，皆精解，唯至事数处不解。遇见一道人，问所签，便释然。

刘孝标注云：

事数谓若五阴，十二入，四谛，十二因缘，五根，五力，七觉之声。

又出三藏记集卷九十四阿鋡暮抄序（寅恪案，此序当是道安所作。）云：

又有悬数悬事，皆访其人，为注其下。

寅恪案，事数自应依刘氏之说。而所谓“生解”者，六朝经典注疏中有“子注”之名，疑与之有关。盖“生”与“子”，“解”与“注”，皆互训字也。说见（戊）章。今大藏中四阿鋡暮抄犹存，事数即在子注中。观其体例，可取为证。

又高僧传卷六慧远传云：

年二十四，便就讲说。尝有客听讲，难实相义，往复移时，弥增疑昧。远乃引庄子义为连类。于是惑者晓然。是后安公（道安）特听慧远不废俗书。

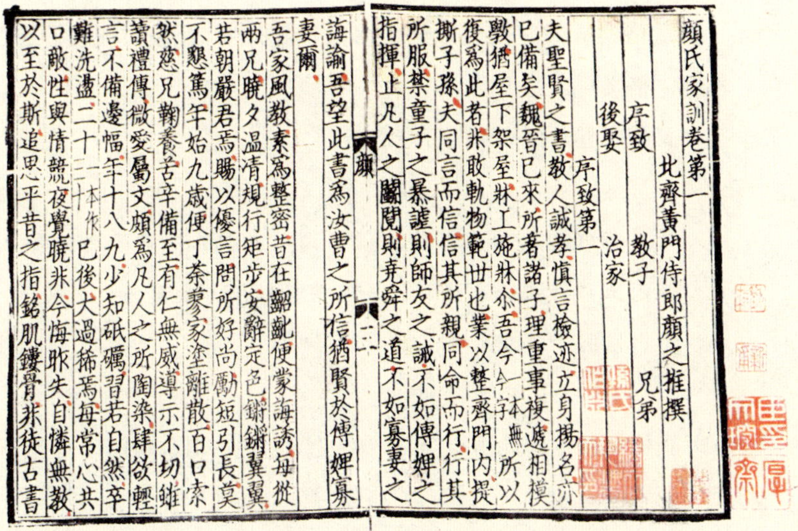
顏氏家訓卷第一　北齊黄門侍郎顏之推撰

序致　教子　兄弟

後娶　治家

序致第一

夫聖賢之書教人誠孝慎言檢迹立身揚名亦已備矣魏晉已來所著諸子理重事複遞相模斆猶屋下架屋牀上施牀耳吾今（今字一本無）所以復爲此者非敢軌物範世也業以整齊門内提撕子孫夫同言而信信其所親同命而行行其所服禁童子之暴謔則師友之誡不如傅婢之指揮止凡人之鬬閲則堯舜之道不如寡妻之誨諭吾望此書爲汝曹之所信猶賢於傅婢寡妻爾

吾家風教素爲整密昔在齠齔便蒙誘誨每從兩兄曉夕温凊規行矩步安辭定色鏘鏘翼翼若朝嚴君焉賜以優言問所好尚勵短引長莫不懇篤年始九歲便丁荼蓼家塗離散百口索然慈兄鞠養苦辛備至有仁無威導示不切雖讀禮傳微愛屬文頗爲凡人之所陶染肆欲輕言不備邊幅年十八九少知砥礪習若自然卒難洗盪二十（一本作三十）已後大過稀焉每常心共口敵性與情競夜覺曉非今悔昨失自憐無教以至於斯追思平昔之指銘肌鏤骨非徒古書

◎ 颜氏家训

寅恪案，讲实相义而引庄子义为连类，亦与“格义”相似也。

又颜氏家训卷五归心篇云：

内外两教，本为一体。渐极为异，（寅恪案，内外两教渐极为异之旨，可参道宣广弘明集卷二十所载谢灵运辩宗论。）深浅不同。内典初门，设五种禁，外典仁、义、礼、智、信，皆与之符。仁者，不杀之禁也。义者，不盗之禁也。礼者，不邪之禁也。智者，不淫之禁也。信者，不妄之禁也。

寅恪案，颜之推“以经中事数拟配外书”，虽时代较晚，然亦“格义”之遗风也。

又魏书卷一百一十四释老志云：

故其始修心则依佛、法、僧，谓之三归，若君子之三畏也。又有五戒，去杀、盗、淫、妄言、饮酒，大意与仁、义、礼、智、信同，名为异耳。

寅恪案，伯起此语亦当日“格义”之说，可与黄门所言互相印证者也。

又隋智者大师摩诃止观卷六上以世法之五常五行五经与佛教之五戒相配，亦“格义”之说。惟其文较长，兹不备录。

又智者大师仁王护国般若经疏卷二引提谓波利经之文云：

提谓波利等问佛：何不为我说四六戒？佛答：五者，天下之大数。在天为五星，在地为五岳，在人为五脏，在阴阳为五行，在王为五帝，在世为五德，在色为五色，在法为五戒。以不杀配东方，东方是木，木主于仁，仁以养生为义。不盗配北方，北方是水，水主于智，智者不盗为义。不邪淫配西方，西方是金，金主于义，有义者不邪淫。不饮酒配南方，南方是火，火主于礼，礼防于失也。以不妄语配中央，中央是土，土主于信，妄语之人乖角两头，不契中正。中正以不偏乖为义也。（参阅湛然止观辅行传弘决卷六之二所引提谓经文。）

寅恪案，历代三宝记卷九略云：

提谓波利经二卷，宋孝武世元魏沙门释昙静于北台撰。经文旧录别载有提谓经一卷，与诸经语同，但静加足五方五行，用石糅金，致成疑耳。

据此，知昙静亦用“格义”之说伪造佛经也。

又晋孙绰制道贤论以天竺七僧方竹林七贤，以法护匹山巨源，（高僧传卷一昙摩罗叉传。）白法祖匹嵇康，（高僧传卷一帛远传。）法乘比王浚冲，（高僧传卷四法乘传。）竺道潜比刘伯伦，（高僧传卷四竺道潜传。）支遁方向子期，（高僧传卷四支遁传。）于法兰比阮嗣宗，（高僧传卷四于法兰传。）于道邃比阮咸。（高僧传卷四于道邃传。此条严可均全晋文失载。）乃以内教之七道，拟配外学之七贤，亦“格义”之支流也。据此，可知“格义”影响于六朝初年思想界之深矣。心无义适起于是时，疑不能与之绝无关系。夫魏晋清谈，崇尚虚无。其语言旨趣见于载籍，可取与心无义互证者，亦颇不少。兹仅就世说新语注所引心无义，与王辅嗣韩康伯老子周易注旨意相似者，列举一二事，以见心无义者以内典与外书相比附之例。

老子第五章云：

天地之间其犹橐籥乎，虚而不屈，动而愈出。

王注云：

橐籥之中空洞无情无为，故虚而不得穷屈，动而不可竭尽也。

易系辞上云：

易无思也，无为也，寂然不动，感而遂通天下之故，非天下之至神，其孰能与于此。

韩注云：

夫非忘象者，则无以制象。非遗数者，无以极数。至精者无筹策而不可乱，至变者体一而无不周，至神者寂然而无不应，斯盖功用之母，象数所由立。故曰非至精至变至神，则不能与于斯也。

◎ 刘义庆 撰 刘孝标 注 清光绪三年（1877）湖北崇文书局官刻本 世说新语

寅恪案，刘孝标世说新语假谲篇前条注引心无义者曰：

种智之体，豁如太虚。虚而能知，无而能应。居宗至极，其唯无乎？

此正与上引老子及易系辞之旨相符合，而非般若空宗之义也。

据此，已足证心无义者，实取外书之义，以释内典之文。夫性空本无等义者，出于般若经之学说也。其学说之创造者若道安、法汰诸人（见元康肇论疏上及安澄中论疏记卷三末），高僧传卷四法雅传、伍僧光传明记其与“格义”之关系矣。心无义亦同出于般若经者也。至其是否亦如性空本无等义之比，与格义同有直接之关系，以今日遗存史料之不备，固不能决言；但心无义与“格义”同为一种比附内典外书之学说，又同为一时代之产物。二者之间，纵无师承之关系，必有环境之影响。故其树义立宗，所用以研究之方法，所资以解说之材料，实无少异。然则即称二者为性质近似，同源殊流之学说，虽不中不远也。

尝谓自北宋以后援儒入释之理学，皆“格义”之流也。佛藏之此方撰述中有所谓融通一类者，亦莫非“格义”之流也。即华严宗如圭峯大师宗密之疏盂兰盆经，以阐扬行孝之义，作原人论而兼采儒道二家之说，恐又“格义”之变相也。然则“格义”之为物，其名虽罕见于旧籍，其实则盛行于后世，独关于其原起及流别，就予所知，尚未有确切言之者。以其为我民族与他民族二种不同思想初次之混合品，在吾国哲学史上尤不可不记。故为考其大略，以求教于通识君子焉。

丁、心无义之传授

据世说新语之说，心无义乃愍度所立，为得食救饥之计者。元康肇论疏引世说，并云："从是以后，此义大行。"又引高僧传法汰传道恒执心无义，为慧远所破，"心无之义，于此而息"之语。是其意谓心无义创于愍度，息于道恒也。安澄中论疏记引法温心无二谛论并云："道恒执心无义，只是资学法温之义，非自意之所立。后支愍度追学前义。故元康师之言为寻末忘本。"然则诸说歧异，孰是孰非？请分别论之。

（一）法温、愍度、道恒三人之时代先后

安澄中论疏记卷三末引二谛搜玄论云：

竺法温为释法琛法师之弟子。

又云：

琛法师者，晋剡东仰山竺（道）潜，字法深，姓王，琅玡人也。年十八出家，至年二十四，讲法花大品，游于讲席三十余年，以晋宁康二年卒于山馆，春秋八十有九焉。言琛法师者，有本作深字，或本作探字，今作深字是。余皆非也。

寅恪案，慧皎高僧传卷四晋剡东岇山竺道潜传（即安澄所引）附记其弟子略云：

竺法蕴悟解入玄，尤善放光般若。凡此诸人，皆潜之神足。（寅恪案，此神足为高足之义，与内典术语神足之义别。）

据此，竺法温即竺法蕴无疑。僧传载其尤善放光般若，其与心无义有关，自不足异。但其师法深传载其卒于晋孝武帝宁康二年（公元三七四年），年八十九。则其生年为晋武帝太康七年（公元二八六年）。

高僧传卷四康僧渊传云：

晋成之世，与康法畅、支敏度等俱过江。

传中复记法畅、僧渊与庾亮、殷浩、王导诸人问答事。兹取僧传及世说之文条列之，以资推计年代之用。

世说新语言语篇云：

庾（康）法畅造庾太尉，握麈尾至佳。公曰：此至佳，那得在？（僧传作“此麈尾何以常在？”）法畅曰：廉者不求，贪者不与，故得在耳。（僧传作“故得常在也”。）

高僧传卷四康僧渊传云：（此节与世说文学篇康僧渊初过江未有知者条微不同。）

渊虽德愈畅度，而别以清约自处。常乞丐自资，人未之识。后因分卫之次，遇陈郡殷浩。浩始问佛经深远之理，却辩俗书性情之义，自昼至曛，浩不能屈。由是改观。

寅恪案，“却辩俗书性情之义”一语，若以“格义”之“以经中事数拟配外书”之例说之，殆即齐诗“五性六情”之义。以无确证，未敢臆断，姑存此疑以俟考。世说新语排调篇云：

康僧渊目深而鼻高，王丞相每调之。僧渊曰：鼻者面之山，目者面之渊；山不高则不灵，渊不深则不清。

晋书卷七十七殷浩传浩以晋穆帝永和十二年（公元三五六年）卒。其卒在王导、庾亮薨后，故可不论。晋书卷七成帝纪云：

（咸康）五年（公元三三九年）秋七月庚申，使持节、侍中、丞相、领扬州刺史、始兴公王导薨。（晋书卷六十五王导传作“咸和五年薨”，劳氏晋书校勘记已正其误。）（咸康）六年（公元三四〇年）春正月庚子，使持节、都督江豫益梁雍交广七州诸军事、司空、都亭侯庾亮薨。（晋书卷七十三庾亮传同。）

寅恪案，康僧渊、康法畅以晋成帝世过江。成帝在位凡十七年（公元三二六年至三四二年），以咸和纪年者九年，以咸康纪年者八年。王导薨于咸康五年之七月，庾亮薨于咸康六年之正月，僧渊、法畅能与之问对，则其过江必在咸康五年以前可知。

据世说新语排调篇“康僧渊初过江，未有知者”之语，王导、庾亮皆当日勋贵重臣，必非未知名之伧道人所易谒见者。然则僧渊、法畅与王导、庾亮问对之时，必在其已知名之后，而非其初过江之年。且世说新语排调篇有“王丞相每调之”之语，则渊公、茂弘二人必以久交屡见之故，始有每调之可能。而元规必见畅公持至佳之麈尾，不止一次，然后始能作“那得常在”之问。故取此数端，综合推计，则僧渊、法畅、敏度三人之过江，至迟亦在成帝初年咸和之世矣。

咸和元年（公元三二六年）竺法深年四十一岁，以师弟子年龄相距之常例推之，其弟子竺法蕴当日不过二十余岁人。安澄中论疏记卷三末略云：

疏云：一深法师本无。山门玄义第五卷二谛章云：复有竺法深即云：诸法本无。廓然无形，为第一义谛，所生万物，名为世谛，故佛答梵志，四大从空而生。

据此，法深乃主张本无义者，与心无义者异其旨趣，今主张心无义之法蕴乃法深之弟子。可知法蕴之心无义非承袭其师法深之旧说。当支敏度与康僧渊、康法畅过江之时，法蕴尚不过二十余岁人。即能独创新说，与师抗衡，似不近情实。故安澄书中“支愍度追学前义”之语，若指愍度追学法蕴之义而言，则不可通也。

高僧传卷五释道安传云：

（道安）顷之复渡河，依陆浑，山栖木食修学。俄而慕容俊逼陆浑，遂南投襄阳。行至新野，谓徒众曰：今遭凶年，不依国主，则法事难立，又教化之体，宜令广布。咸曰：随法师教。乃令法汰诣扬州。曰：彼多君子，好尚风流。（世说新语雅量篇郗嘉宾钦崇释道安德问条注引安和上传，及赏誉篇初法汰北来未知名条注引车频秦书，与此略同。）

高僧传卷五竺法汰传略云：

（法汰）与道安避难，行至新野，安分张彼众，命汰下京。于是分手泣涕而别。乃与弟子昙一、昙二等四十余人沿沔（沔字依元本，诸本俱作江）东下，遇疾停阳口。时桓温镇荆州，遣使要过，供事汤药。安公又遣弟子慧远下荆问疾，汰疾小愈诣温。时沙门道恒颇有才力，常执心无义，大行荆土。汰曰：此是邪说，应须破之。乃大集名僧，令弟子昙一难之，据经引理，析驳纷纭。恒仗其口辩，不肯受屈。日色既暮，明旦更集。慧远就席攻难数番，问（问原作关，兹依元康肇论疏上所引）责锋起，恒自觉义途差异，神色微动，麈尾扣案，未即有答。远曰：不疾

◎ 敦煌－第114号窟 后方祭台[1]

1　西壁佛龛，第66窟－盛唐窟，覆斗形顶，云纹团花井心，四周画千佛。西壁开一平顶敞口龛，内塑一倚坐佛、迦叶、阿难、二菩萨、二天王。

而速，杼柚何为？座者皆笑矣。心无之义于此而息。（此文前节乙章所引元康肇论疏中已有之。兹特重录，以便省览。）

寅恪案，资治通鉴卷九十九略云：

（晋穆帝）永和十年（公元三五四年）三月，燕王慕容儁以慕容评为镇南将军，都督秦雍益梁江扬荆徐兖豫十州诸军事，镇洛水。

晋书卷十四地理志司州河南郡属有陆浑县。道安之南行避难，当即在是时。

水经注卷二十八沔水篇略云：

沔水又东南与扬口合。扬水又北注于沔，谓之扬口。

又晋书卷三十四杜预传略云：

旧水道唯沔汉达江陵。预乃开杨口，起夏水达巴陵。

资治通鉴系此事于卷八十一晋纪武帝太康元年，胡注即引水经注之文证之。

又晋书八十一朱伺传云：

（王）廙将西出，遣长史刘浚留镇扬口垒。

资治通鉴系此事于卷九十晋纪元帝建武元年，胡法亦引水经注之文证之。

又南史卷二十五到彦之传云：

彦之至杨口，步往江陵。

◎ 桓温[1]

1 桓温（312—373），字元子，今安徽省怀远县龙亢镇人。东晋时期政治家、军事家、书法家、权臣，晋明帝司马绍女婿，宣城太守桓彝长子。

资治通鉴卷一百二十宋纪文帝元嘉元年亦载此事。

法汰沿沔东下，遇疾停阳口，当即此杨口。准之地望，与桓温驻地（江陵）不远，遣使要过，自为可能也。

资治通鉴卷九十九云：

（晋穆帝）永和十年（公元三五四年）二月乙丑，桓温统步骑四万发江陵，水军自襄阳入均口，至南乡，步兵自淅川趣武关。

九月，桓温还自伐秦，帝遣侍中、黄门劳温于襄阳。

据此，法汰之诣桓温必在永和十年九月以后。而汰避慕容之难南诣扬州，沿沔东下，途中亦不能过久，然则其在永和十一年（公元三五五年）前后乎？道恒、慧远之辩难心无义，当即是时。上距晋成帝初年支敏度过江之岁，约二三十年。由此观之，安澄书中“支愍度追学前义”之语，若指愍度追学道恒之义而言，则更不可通矣。故以法蕴、敏度、道恒三人之时代先后言之，敏度似无从他人追学心无义之事。世说新语所载，虽出于异党谤伤者之口，自不可尽信。独其言敏度自立新义，非后所追学，则似得其实也。

（二）道恒以后之心无义者

高僧传卷五法汰传谓道恒之说为慧远所破后，“心无之义于此而息”。考出三藏记集卷十二宋六澄法论目录第一帙中载有：

心无义。（桓敬道。王稚远难，桓答。）

释心无义。（刘遗民。）

桓敬道即桓玄，王稚远即王谧，刘遗民即刘程之，皆东晋末年人。是心无义彼时固未息，而高僧传之言不可信也。

又晋书卷十安帝纪云：

元兴三年（公元四〇四年）五月壬午，督护冯迁斩桓玄于貊盘洲。

晋书卷九十九桓玄传云：

（冯）迁遂斩之，（玄）时年三十六。

据此，桓玄生于晋废帝海西公太和四年（公元三六九年）。上距穆帝永和十一年（公元三五五年）前后，道恒、慧远在荆州辩难心无义之岁，已历十四五年。玄之心无义不知受自何人。晋书卷九十九桓玄传云：

玄在荆楚积年，优游无事。

殆道恒、慧远辩难之后，荆土心无义原未息灭。玄以无事之身，积年久处，遂得渐染风习，扬其余波欤？尤可异者，刘遗民有释心无义之作。其文今已不传，无从窥其宗旨所在。但其题以释义为名，必为主张，而非驳难心无义者。慧远既破道恒义后，其莲社中主要之人，犹复主张所谓“邪说”者。然则心无义本身必有可以使人信服之处，而迄未为慧远所破息，抑又可知矣。

戊、“格义”与“合本”之异同

中土佛典译出既多，往往同本而异译，于是有编纂“合本”，以资对比者焉。“合本”与“格义”二者皆六朝初年僧徒研究经典之方法。自其形式言之，其所重俱在文句之比较拟配，颇有近似之处，实则性质迥异，不可不辨也。支敏度与此二种不同之方法，间接直接皆有关系。“格义”已于前章论之，兹略述“合本”之形式及其意义于下：

出三藏记集卷七有支恭明合微密持经记云：

合微密持陀邻尼总持三本。（上本是陀邻尼，下本是总持微密持也。）

寅恪案，支恭明为支谦，即支越之字，乃汉末三国时人。出三藏记集卷十三有传，（高僧传附载谦事迹于卷一康僧会传中，较略。）“合本”之作殆以此为最初者矣。其“上本下本”即“上母下子”之意，说见后。

又出三藏记集卷十一竺昙无兰大比丘二百六十戒三部合异序略云：

余以长钵后事注于破钵下，以子从母故也。九十事中多参错，事不相对。复徙就二百六十者，令事类相对。予因闲暇为之，三部合异，粗断起尽。以二百六十戒为本，二百五十者为子，以前出常行戒全句系之于事末。而亦有永乖不相似者，有以一为二者，有以三为一者。余复分合，令事相从。

比丘大戒二百六十事（三部合异二卷）云：

说戒者乃曰：僧和集会，未受大戒者出，僧何等作为？（众僧和聚会，悉受无戒，于僧有何事？）答：说戒。（僧答言：布萨。）不来者嘱授清净说。（诸人者当说：当来之净。答言：说净。）说已，那（？）春夏秋冬若干日已过去。

又出三藏记集卷十竺昙无兰三十七品经序略云：

又诸经三十七品文辞不同。余因闲戏，寻省诸经，撮采事备辞巧便者，差次条贯，伏其位，使经体不毁，而事有异同者，得显于义。又以诸经之异者，注于句末。

◎ 敦煌－第19号（乙）窟 左侧前壁（局部）[1]

序二百六十五字，本二千六百八十五字，子二千九百七十字，凡五千九百二十字。除后六行八十字不在计中。

据此，可知本子即母子。上列比丘大戒二百六十事中，其大字正文，母也。其夹注小字，子也。盖取别本之义同文异者，列入小注中，与大字正文互相配拟。即所谓“以子从母”，

1 主室东壁。莫高窟中唐第158窟主室东壁门南密严经变局部细节。

“事类相对”者也。六朝诂经之著作，有“子注”之名。当与此有关。考费长房历代三宝记卷十五载魏世李廓众经目录中有大乘经子注十二部。“子注”之名散见于着录者，如吴康僧会法镜注解子注二卷（历代三宝记卷五），晋昙诜维摩诘子注经五卷（三宝记卷七），齐竟陵王萧子良遗教子注经一卷（三宝记卷十一），梁法朗大般涅盘子注经七十二卷，梁武帝摩诃般若波罗蜜子注经五十卷（三宝记卷十一），及隋慧远大乘义章卷卷二十四悉檀义四门分别条所引之楞伽经子注皆是其例。唐刘知几史通卷五补注篇犹有“定彼榛楛，列为子注”之语，可知“子注”之得名，由于以子从母，即以子注母。高僧传卷四法雅传中“格义”之所谓“生解”，依其性质，自可以“子注”之谊释之也。

当时“合本”之方法盛行。释道安有合放光光赞略解，支遁有大小品对比要钞。出三藏记集卷七及卷八载其序文，可以推知其书之概略。支敏度曾合首楞严经及维摩诘经，盖其人着传译经录，必多见异本，综合对比，乃其所长也。出三藏记集载其二“合本”之序，兹节录其文于下：

出三藏记集卷七支敏度合首楞严经记略云：

此经本有记云：支谶所译出。谶，月支人也，汉桓灵之世来在中国。又有支越，字恭明，亦月支人也。其父亦汉灵帝之世来献中国。越在汉生，似不及见谶也。又支亮字纪明，资学于谶，故越得受业于亮焉。以季世尚文，时好简略，故其出经，颇从文丽。然其属解析理，文而不越，约而义显，真可谓深入者也。以汉末沸乱，南度奔吴。从黄武至建兴中，所出诸经，凡数十卷。自有别传，记录亦云出此经，今不见复有异本也。然此首楞严自有小不同，辞有丰约，文有晋胡，较而寻之、要不足以为异人别出也。恐是越嫌谶所译者辞质多胡音，异者删而定之，其所同者述而不改，二家各有记录耳。此一本于诸本中辞最省便，又少胡音，遍行于世，即越所定者也。至大晋之初，有沙门支法护白衣竺叔兰并更译此经。求之于义，互相发明。披寻三部，劳而难兼。欲令学者即得其对，今以越所定者为母，护所出为子，兰所译者系之，其所无者辄于其位记而别之。或有文义皆同，或有义同而文有小小增减，不足重书者，亦混以为同。虽无益于大趣，分部章句，差见可耳。

出三藏记集卷八敏度法师合维摩诘经序云：

此三贤者，（支恭明法护叔兰）并博综稽古，研机极玄，殊方异音，兼通关解，先后译传，别为三经同本，人殊出异。或辞句出入，先后不同，或有无离合，多少各异，或方言训古，字乖趣同，或其文胡越，其趣亦乖，或文义混杂，在疑似之间，若此之比，其涂非一。若其偏执一经，则失兼通之功。广披其三，则文烦难究，余是以合两令相附。以明所出为本，以兰所出为子，分章断句，使事类相从。令寻之者瞻上视下，读披按此，足以释乖迂之劳，易则易知矣。若能参考校异，极数通变，则万流同归，百虑一致，庶可以辟大通于未寤，阖同异于均致。若其配不相畴，傥失其类者，俟后明哲君子刊之从正。

据敏度所言，即今日历史语言学者之佛典比较研究方法，亦何以远过。故不避引用旧闻过多之嫌，特录其序记较详。以见吾国晋代僧徒当时研究佛典，已能精审若是，为不可及也。

夫“格义”之比较，乃以内典与外书相配拟。“合本”之比较，乃以同本异译之经典相参校。其所用之方法似同，而其结果迥异。故一则成为附会中西之学说，如心无义即其一例，后世所有融通儒释之理论，皆其支流演变之余也。一则与今日语言学者之比较研究法暗合，如明代员珂之楞伽经会译者，可称独得“合本”之遗意，大藏此方撰述中罕觏之作也。当日此二种似同而实异之方法及学派，支敏度俱足以代表之。故其人于吾国中古思想史关系颇巨，因钩索沉隐，为之考证如此。

己、附论

前所言之“格义”与“合本”皆鸠摩罗什未入中国前事也。什公新译诸经既出之后，其文精审畅达，为译事之绝诣。于是为“格义”者知新译非如旧本之含混，不易牵引附会，与外书相配拟。为“合本”者见新译远胜旧文，以为专据新本，即得真解，更无综合诸本参校疑误之必要。遂捐弃故技，别求新知。所以般若“色空”诸说盛行之后，而道生谢灵运之“佛性”“顿悟”等新义出焉。此中国思想上之一大变也。以其非本文范围所及，故不具论。

附记

僧祐出三藏记集卷二云：

合维摩诘经五卷。

合首楞严经八卷。

右二部凡十三卷，晋惠帝时沙门支敏度所集。

寅恪案，僧祐记此条于晋元帝时西域高座沙门尸梨蜜之前。故知此惠帝之“惠”字必非讹误。据此可证明愍度之时代，因以解决下列之二问题：

（一）图书馆学季刊第一卷第一期第十一页梁启超先生佛家经录在中国目录学上之位置文中有“其继安公之后，为全部的整理者，在南则有支敏度”之语。考道安经录成于东晋孝武帝宁康二年，即公元三七四年以后（见出三藏记集卷五所引道安经录自序），上距东晋成帝初年即支敏度过江之岁，已历五十载之久。若逆数至西晋惠帝之季年，则相隔七十年。故敏度之撰经录必非继道安后者。但其书或不及安录之完善，自来言佛家经录者，因以创始之功归之道安耳。

（二）或疑支愍度乃为“合本”之学者，何以不能比勘诸译本异同，而有“心无”之误解。殊不知此文（乙）章所列五译本，除支谦本之外，以时代前后关系，愍度皆无从得而比勘。至支谦本虽较在先，然实于孙吴时在江东译出。（此据高僧传及出三藏记集等书而言；若依魏书释老志，则支恭明译经在晋惠帝元康中，时代太晚，故不据以为说。）愍度为惠帝时人，距孙吴之亡未久，其过江以前，已创心无义，故当时或未得见支谦译本，仅能就道行般若译文立说。其有误解之处，自不足异也。

（原刊中央研究院历史语言研究所蔡元培先生六十五岁纪念论文集）

长恨一曲，琵琶行吟

敦煌诗词析美

长恨歌

白氏长庆集卷二十八与元九书云：

及再来长安，又闻有军使高霞寓者，欲聘倡妓。妓大夸曰，我诵得白学士长恨歌，岂同他妓哉！由是增价。

全唐诗第十六函白居易卷十六编集拙诗成一十五卷因题卷末戏赠元九李二十云：

一篇长恨有风情。十首秦吟近正声。每被老元偷格律，苦教短李伏歌行。世间富贵应无分，身后文章合有名。莫怪气粗言语大，新排十五卷诗成。

寅恪案：自来文人作品，其最能为他人所欣赏，最能于世间流播者，未必即是其本身所最得意，最自负自夸者。若夫乐天之长恨歌，则据其自述之语，实系自许以为压卷之杰构，而

◎ 长恨歌图[1]（局部1）日本 狩野山雪[2]绘

1　长恨歌图根据白居易长恨歌绘制而成。描绘唐玄宗与杨贵妃的凄美爱情故事。长恨歌图大约绘于1646年，现藏于爱尔兰切斯特贝蒂图书馆。

2　狩野山雪（1590-1651）日本江户早期狩野派画师。

亦为当时之人所极欣赏，且流播最广之作品。此无怪乎历千岁之久至于今日，仍熟诵于赤县神州及鸡林海外“王公妾妇牛童马走之口”（元微之白氏长庆集序中语。）也。

虽然，古今中外之人读此诗者众矣，其了解之程度果何如？“王公妾妇牛童马走”固不足论，即所谓文人学士之伦，其诠释此诗形诸著述者，以寅恪之浅陋，尚未见有切当之作。故姑试为妄说，别进一新解焉。

鄙意以为欲了解此诗，第一，须知当时文体之关系。第二，须知当时文人之关系。

何谓文体之关系？宋赵彦卫云麓漫钞卷八云：

唐之举人，先借当世显人以姓名达之主司，然后以所业投献。踰数日又投，谓之温卷，如幽怪录传奇等皆是也。盖此等文备众体，可以见史才，诗笔，议论。至进士则多以诗为贽。今有唐诗数百种行于世者是也。

寅恪案：赵氏所述唐代科举士子风习，似与此诗绝无关涉。然一考当日史实，则不能不于此注意。盖唐代科举之盛，肇于高宗之时，成于玄宗之代，而极于德宗之世。德宗本为崇奖文词之君主，自贞元以后，尤欲以文治粉饰苟安之政局。就政治言，当时藩镇跋扈，武夫横恣，固为纷乱之状态。然就文章言，则其盛况殆不止追及，且可超越贞观开元之时代。此时之健者有韩柳元白，所谓“文起八代之衰”之古文运动，即发生于此时，殊非偶然也。又中国文学史中别有一可注意之点焉，即今日所谓唐代小说者，亦起于贞元元和之世，与古文运动实同一时，而其时最佳小说之作者，实亦即古文运动中之中坚人物是也。此二者相互之关系，自来未有论及之者。寅恪尝草一文略言之，题曰韩愈与唐代小说，载哈佛大学亚细亚学报第一卷第一期。其要旨以为古文之兴起，乃其时古文家以古文试作小说，而能成功之所致，而古文乃最宜于作小说者也。拙文所以得如斯之结论者，因见近年所发现唐代小说，如敦煌之俗文学，及日本遗存之游仙窟等，与洛阳出土之唐代非士族之墓志等，其著者大致非当时高才文士，（张文成例外。）而其所用以著述之文体，骈文固已腐化，即散文亦极端公式化，实不胜叙写表达人情物态世法人事之职任。其低级骈体之敦煌俗文学及燕山外史式之游仙窟等，皆世所习见，不复具引。兹节录公式化之墓志文二通以供例证如下。

芒洛冢墓遗文卷四编三安师墓志云：

君讳师，字文则，河南洛阳人也。十六代祖西华国君，东汉永平中，遣子仰入侍，求为属国，乃以仰为并州刺史，因家洛阳焉。

又康达墓志云：

君讳达，自（字？）文则，河南伊阙人也。□以□因家河□焉。

今观两志文因袭雷同公式化之可笑，一至若此，则知非大事创革不可。是昌黎河东集中碑志传记之文所以多创造之杰作，而谀墓之金为应得之报酬也。夫当时叙写人生之文衰弊至极，欲事改进，一应革去不适描写人生之已腐化之骈文，二当改用便于创造之非公式化之古文，则其初必须尝试为之。然碑

◎ 元稹 莺莺传 插图

志传记为叙述真实人事之文，其体尊严，实不合于尝试之条件。而小说则可为驳杂无实之说，既能以俳谐出之，又可资雅俗共赏，实深合尝试且兼备宣传之条件。此韩愈之所以为爱好小说之人，致为张籍所讥。观于文昌遗书退之之事，如唐摭言五切磋条（参韩昌黎集卷十四答张籍书注，重答张籍书注，及全唐文卷六百八十四张籍上韩昌黎书，上韩昌黎第二书。）云：

韩文公著毛颖传，好博簺之戏。张水部以书劝之。其一曰，比见执事多尚驳杂无实之说，使人陈之于前以为欢，此有以累于令德。其二曰，君子发言举足，不远于理，未尝闻以驳杂无实之说为戏也。执事每见其说，亦拊抃呼笑，是挠气害性，不得其正矣。

可知也。

是故唐代贞元元和间之小说，乃一种新文体，不独流行当时，复更辗转为后来所则效，本与唐代古文同一原起及体制也。唐代举人之以备具众体之小说之文求知于主司，即与以古文诗什投献者无异。元稹李绅撰莺莺传及歌于贞元时，白居易与陈鸿撰长恨歌及传于元和时，虽非如赵氏所言是举人投献主司之作品，但实为贞元元和间新兴之文体。此种文体之兴起与古文运动有密切关系，其优点在便于创造，而其特征则尤在备具众体也。

既明乎此，则知陈氏之长恨歌传与白氏之长恨歌非通常序文与本诗之关系，而为一不可分离之共同机构。赵氏所谓“文备众体”中，“可以见诗笔”（赵氏所谓诗笔系与史才并举者。史才指小说中叙事之散文言。诗笔即谓诗之笔法，指韵文而言。其笔字与六朝人之以无韵之文为笔者不同。）之部分，白氏之歌当之。其所谓“可以见史才”“议论”之部分，陈氏之传当之。后人昧于此义，遂多妄说，如沈德潜唐诗别裁卷八选长恨歌评云：

迷离恍惚，不用收结，此正作法之妙。

又唐宋诗醇卷二十二云：

结处点清长恨，为一诗结穴。戛然而止，全势已足，不必另作收束。

初视之，其言似皆甚允当。详绎之，则白氏此歌乃与传文为一体者。其真正之收结，即议论与夫作诗之缘起，乃见于陈氏传文中。传文略云：

（王）质夫举酒于乐天前曰，乐天深于诗，多于情者也。试为歌之如何？乐天因为长恨歌。意者不但感其事，亦欲惩尤物，窒乱阶，垂于将来也。歌既成，使鸿传焉。世所不闻者，予非开元遗民，不得知。世所知者，有玄宗本纪在。今但传长恨歌云尔。

此节诸语正与元氏莺莺传末结束一节所云：

时人多许张为善补过者。予尝于朋会之中，往往及此意者，使夫知者不为，为之者不惑。贞元岁九月，执事（？）李公垂宿于予靖安里第，语及于是。公垂卓然称异，遂为莺莺歌以传之。崔氏小名莺莺，公垂以命篇。

适相符合。而李氏之莺莺歌，其诗最后数语亦为：

诗中报郎含隐语。郎知暗到花深处。三五月明当户时，与郎相见花间语。（语字从董解元西厢本，他本作路。）

然则莺莺歌虽不似长恨歌之迷离恍惚，但亦不用所谓收结者，其故何耶？盖莺莺传既可谓之会真记，（见拙著读莺莺传，载历史语言研究所集刊第十本第一份。）故莺莺歌亦可谓之会真歌。莺莺歌以“与郎相见”即会真结，（会真之义与遇仙同，说详拙著读莺莺传。）与长恨歌以长恨结，正复相同。至于二诗之真正收结，则又各在其传文之中也。二诗作者不同，价值亦异，而其体裁实无一不合。盖二者同为具备众体之小说中之歌诗部分也。后世评长恨歌者，如前所引二例，于此全未明了，宜乎其赞美乐天，而不得其道矣。

更取韩退之小说作品观之，（详见拙著韩愈与唐代小说，载哈佛亚细亚学报第一卷第一期。）如昌黎集卷二十一石鼎联句序及诗，即当时流行具备众体之小说文也。其序略云：

二子（侯喜刘师服）因起谢曰，尊师（轩辕弥明）非世人也，某伏矣，愿为弟子，不敢更论诗。道士奋曰，不然，章不可以不成也。又谓刘曰，把笔来，吾与汝就之。即又唱出四十字为八句，书讫便读。读毕，谓二子曰，章不已就乎。二子齐应曰，就矣。

寅恪案：此八句四十字，即石鼎联句之末段。其词云：

全胜瑚琏贵，空有口传名。岂比俎豆古，不为手所撜。磨砻去圭角，浸润着光精。愿君莫嘲诮，此物方施行。

此篇结句“此物”二字，即“石鼎”之代称。亦正与李公垂之莺莺歌，即会真歌之“与郎相见”，白乐天长恨歌之“此恨绵绵”，皆以结局之词义为全篇之题名，结构全同。于此可以知当时此种文章之体制，而不妄事评赞矣。复次，洪氏韩公年谱云：

◎ 长恨歌图（局部2）日本 狩野山雪 绘

或谓轩辕寓公姓，弥明寓公名，盖以文滑稽耳。是不然，刘侯虽皆公门人，然不应讥诮如是之甚。且言弥明形貌声音之陋，亦岂公自词耶？而列仙传又有弥明传，要必有是人矣。

朱子考异云：

今按此诗句法全类韩公。而或者所谓寓公姓名者。盖轩辕反切近韩字，弥字之意又与愈字相类，即张籍所讥与人为无实驳杂之说者也。故窃意或者之言近是。洪氏所疑容貌声音之陋，乃故为幻语，以资笑谑，又以乱其事实，使读者不之觉耳。若列仙传，则又好事者，因此序而附着之，尤不足以为据也。

寅恪案：朱子说甚谛，其深识当时文章体裁，殊非一般治唐文者所及。故不嫌骈赘，并附于此，以资参校。

何谓文人之关系？白氏长庆集卷二十八与元九书云：

与足下小通，则以诗相戒。小穷，则以诗相勉。索居，则以诗相慰。同处，则以诗相娱。

元白二人作诗，相互之密切关系，此数语已足以尽之，不必更别引其他事实以为证明。然元白二人之作诗，亦各受他一人之影响，自无待论。如前引全唐诗第十六函白居易十六编集拙诗成一十五卷因题卷末戏赠元九李二十诗“每被老元偷格律”句乐天自注云：

元九向江陵日，尝以拙诗一轴赠行，自后格变。

又“苦教短李伏歌行”句自注云：

李二十尝自负歌行，近现予乐府五十首，默然心伏。

盖白氏长庆集卷二和答诗十首序略云：

（元和）五年春，微之左转为江陵士曹掾。仆职役不得去，命季弟送行，且奉新诗一轴致于执事，凡二十章，欲足下在途讽读。及足下到江陵，寄在路所为诗十七章，皆得作者风。岂仆所奉者二十章，遽能开足下聪明使之然耶？何立意措辞与足下前时诗，如此之相远也。

又元氏长庆集卷二十四和李校书新题乐府二十首序云：

予友李公垂，贶予乐府新题二十首。雅有所谓，不虚为文。予取其病时之尤急者，列而和之，盖十二而已。

今白氏长庆集三、四两卷所载新乐府五十首，即因公垂微之所咏而作也。其所以使李氏心伏者，乃由当时文士各出其所作互事观摩，争求超越，如白氏长庆集卷二和答诗十首序云：

旬月来多乞病假，假中稍闲，且摘卷中尤者，继成十章，亦不下三千言。其间所见，同者固不能自异，异者亦不能强同。同者谓之和，异者谓之答。

今并观同时诸文人具有互相关系之作品，知其中于措辞（即文体。）则非徒仿效，亦加改进。于立意（即意旨。）则非徒沿袭，亦有增创。盖仿效沿袭即所谓同，改进增创即所谓异。苟今世之编著文学史者，能尽取当时诸文人之作品，考定时间先后，空间离合，而总汇于一书，如史家长编之所为，则其间必有启发，而得以知当时诸文士之各竭其才智，竞造胜境，为不可及也。

据上所论，则知白陈之长恨歌及传，实受李元之莺莺歌及传之影响，而微之之连昌宫词，又受白陈之长恨歌及传之影响。其间因革演化之迹，显然可见。兹释长恨歌，姑就莺莺歌及传与长恨歌及传言之，暂置连昌宫词不论焉。

据莺莺传云：

贞元岁九月，执事（？）李公垂宿于予靖安里第，语及于是。公垂卓然称异，遂为莺莺歌以传之。（此节上已引。）

贞元何年，虽阙不具。但贞元二十一年八月即改元永贞，是传文之贞元岁，决非贞元二十一年可知。

又莺莺传有：

后岁余，崔已委身于人，张亦有所娶。

之语。则据才调集卷五微之梦游春七十韵云：

一梦何足云，良时事婚娶。当年二纪初，佳节三星度。朝蕣玉佩迎，高松女萝附。韦门正全盛，出入多欢裕。

韩昌黎集卷二十四监察御史元君妻京兆韦氏夫人墓志铭云：

夫人于（韦）仆射（夏卿）为季女。爱之，选婿得今御史河南元稹。稹时始以选校书秘书省中。

及白氏长庆集卷六十一河南元公墓志铭（旧唐书卷一六六元稹传同。）云：

◎ 长恨歌图（局部3）日本 狩野山雪 绘

（贞元十八年）年二十四，试判入四等，署秘省校书。

是又必在贞元十八年微之婚于韦氏之后，（微之时年二纪，即二十四。）而莺莺传复有：

自是绝不复知矣。

一言，则距微之婚期必不甚近。然则贞元二十年乃最可能者也。又据长恨歌传略云：

◎ 长恨歌图（局部4）日本 狩野山雪 绘

元和元年冬十二月，太原白乐天自校书郎尉于周至。鸿与琅琊王质夫家于是邑，暇日相携游仙游寺，话及此事。乐天因为长恨歌。

此则长恨歌及传之作成在莺莺歌及传作成之后。其传文即相当于莺莺传文，歌词即相当于莺莺歌词及会真等诗，是其因袭相同之点也。至其不同之点，不仅文句殊异，乃特在一为人世，一为仙山。一为生离，一为死别。一为生而负情，一为死而长恨。其意境宗旨，迥然分别，俱可称为超妙之文。若其关于帝王平民、（莺莺非出高门，说详拙著读莺莺传。）贵贱高下所写之各殊，要微末而不足论矣。复次，就文章体裁演进之点言之，则长恨歌者，虽从一完整机构之小说，即长恨歌及传中分出别行，为世人所习诵，久已忘其与传文本属一体。然其本身无真正收结，无作诗缘起，实不能脱离传文而独立也。至若元微之之连昌宫词，则虽深受长恨歌之影响，然已更进一步，脱离具备众体诗文合并之当日小说体裁，而成一新体，俾史才诗笔议论诸体皆汇集融贯于一诗之中，（其详俟于论连昌宫词章述之。）使之自成一独立完整之机构矣。此固微之天才学力之所致，然实亦受乐天新乐府体裁之暗示，而有所摹仿。故乐天于“每被老元偷格律，苦教短李伏歌行”之句及自注“元九向江陵日，尝以拙诗一轴赠行，自后格变”、“李二十尝自负歌行，近见吾乐府五十首，默然心伏”之语，明白言之。世之治文学史者可无疑矣。

又宋人论诗，如魏泰临汉隐居诗话，张戒岁寒堂诗话之类，俱推崇杜少陵而贬斥白香山。谓乐天长恨歌详写燕昵之私，不晓文章体裁，造语蠢拙，无礼于君。喜举老杜北征诗“未闻夏殷衰，中自诛褒妲”一节，及哀江头“昭阳殿里第一人，同辇随君侍君侧”一节，以为例证。殊不知长恨歌本为当时小说文中之歌诗部分，其史才议论已别见于陈鸿传文之内，歌中自不涉及。而详悉叙写燕昵之私，正是言情小说文体所应尔，而为元白所擅长者。（见拙著读莺莺传。）如魏张之妄论，真可谓“不晓文章体裁，造语蠢拙”也。又汪立名驳隐居诗话之言（见汪本卷十二。）云：

此论为推尊少陵则可，若以此贬乐天则不可。论诗须相题，长恨歌本与陈鸿王质夫话杨妃始终而作，犹虑诗有未详，陈鸿又作长恨歌传，所谓不特感其事，亦欲惩尤物，窒乱阶，垂于将来也。自与北征诗不同。若讳马嵬事实，则长恨二字便无着落矣。

是以陈鸿作传为补长恨歌之所未详，即补充史才议论之部分，则不知此等部分，为诗中所不应及，不必详者。然则汪氏不解当日小说体裁之为何物，犹有强作解事之嫌也。（见校补记四。）

【校补记四】

（“之嫌也”下加：）夫长恨歌采用汉武帝李夫人故事，乃一言情作品，与少陵北征诗性质迥异，故有“但教心似金钿坚，天上人间会相见”等句。若依尊杜贬白之说，是明皇杀害杨妃，出于自动，而非受军士之逼迫，则明皇为杨妃之仇敌，而长恨歌亦可解释作长久仇恨之歌诗矣。岂不大可笑哉！

歌云：

汉皇重色思倾国，御宇多年求不得。杨家有女初长成，养在深闺人未识。天生丽质难自弃，一朝选在君王侧。回眸一笑百媚生，六宫粉黛无颜色。

容斋续笔卷二唐诗无讳避条略云：

唐人歌诗，其于先世及当时事，直词咏寄，略无隐避。至宫禁嬖昵，非外间所应知者，皆反复极言，而上之人亦不以为罪。如白乐天长恨歌讽谏诸章，元微之连昌宫词始末，皆为明皇而发。杜子美尤多。此下如张祜赋连昌宫等三十篇，大抵咏开元天宝间事。李义山华清宫等诸诗亦然。今之诗人不敢尔也。

寅恪案：洪氏之说是也。唐人竟以太真遗事为一通常练习诗文之题目，此观于唐人诗文集即可了然。但文人赋咏，本非史家纪述。故有意无意间逐渐附会修饰，历时既久，益复曼衍滋繁，遂成极富兴趣之物语小说，如乐史所编著之太真外传是也。

若依唐代文人作品之时代，一考此种故事之长成，在白歌陈传之前，故事大抵尚局限于人世，而不及于灵界，其畅述人天生死形魂离合之关系，似以长恨歌及传为创始。此故事既不限现实之人世，遂更延长而优美。然则增加太真死后天上一段故事之作者，即是白陈诸人，洵为富于天才之文士矣。虽然，此节物语之增加，亦极自然容易，即从汉武帝李夫人故事附益之耳。陈传所云“如汉武帝李夫人”者，是其明证也。故人世上半段开宗明义之“汉皇重色思倾国”一句，已暗启天上下半段之全部情事。文思贯澈钩结[1]如是精妙。特为标出，以供读者之参考。寅恪于此，虽不免有金人瑞以八股文法评西厢记之嫌疑，然不敢辞也。（可参新乐府章李夫人篇。）

赵与旹宾退录卷九云：

白乐天长恨歌书太真本末详矣，殊不为鲁讳。然太真本寿王妃，顾云杨家有女云云。盖宴昵之私，犹可以书，而大恶不

1 即结构

容不隐。陈鸿传则略言之矣。（见校补记一。）

【校补记一】

（段后加：）又马永卿懒真子卷二云：

诗人之言为用固寡。然大有益于世者，若长恨歌是也。明皇太真之事，本有新台之恶，而歌云，杨家有女初长成，养在深闺人未识。故世人罕知其为寿王瑁之妃也。春秋为尊者讳，此歌真得之。（此条乃戴裔煊先生举以见告者。论语子罕篇云，后生可畏，焉知来者之不如今也。四十五十而无闻焉，斯亦不足畏也已。圣人之言，岂不信哉！附识于此，以表谢意，并记烛武师丹之感云尔。）

◎ 长恨歌图（局部5）日本 狩野山雪 绘

又史绳祖学斋占毕卷一云：

唐明皇纳寿王妃杨氏，本陷新台之恶，而白乐天所赋长恨歌，则深没寿邸一段，盖得孔子答陈司败遗意矣。春秋为尊者讳，此歌深得之。

寅恪案：关于太真入宫始末为唐史中一重公案，自来考证之作亦已多矣。清代论兹事之文，如朱彝尊曝书亭集卷五十五书杨太真外传后，杭世骏订讹类编卷二杨氏入宫并窃笛条，章学诚章氏遗书外编卷三丙辰札记等，似俱能持之有故，言之成理，而以朱氏之文为最有根据。盖竹垞得见当时不甚习见之材料，如开元礼及唐大诏令集诸书，大宗实斋不过承用竹垞之说，而推衍之耳。今止就朱氏所论辩证其误，虽于白氏之文学无大关涉，然可借以了却此一重考据公案也。

曝书亭集卷五十五书杨太真外传后略云：

太真外传，宋乐史所撰。称妃以开元二十二年十一月归于寿邸。二十八年十月玄宗幸温泉宫，使高力士取于寿邸，度为女道士，住内太真宫。此传闻之谬也。按唐大诏令（集）载开元二十三年十二月二十四日遣户部尚书同中书门下（平章事）李林甫，副以黄门侍郎陈希烈，册河南府士曹参军杨玄璬长女为寿王妃。考之开元礼，皇太子纳妃，将行纳采，皇帝临轩命使。

降而亲王，礼仪有杀，命使则同。由纳采而问名，而纳吉，而纳征，而请期，然后亲迎，同牢。备礼动需卜日，无纳采受册即归寿邸之礼也。越明年，武惠妃薨，后宫无当帝意者。或奏妃姿色冠代，乃度为女道士。敕曰，寿王瑁妃杨氏，素以端毅，（寅恪案：毅章氏引作悫。）作嫔藩国。虽居荣贵，每在清修。属太后忌辰，永怀追福，以兹求度。雅志难违，用敦弘道之风，特遂由衷之请，宜度为女道士。盖帝先注意于妃，顾难夺之朱邸，思纳诸禁中，乃言出自妃意。所云作嫔藩国者，据妃曾受册云然。其曰太后忌辰者，昭成窦后以长寿二年正月二日受害，则天后以建子月为岁首，中宗虽复旧用夏正，即正月行香废务，直至顺宗永贞元年，方改正以十一月二日为忌辰。开元中犹循中宗行香之旧，是妃入道之期当在开元二十五年正月二日也。妃既入道，衣道士服入见，号曰太真。史称不期岁礼遇如惠妃。然则妃由道院入宫，不由寿邸。陈鸿长恨传谓高力士潜搜外宫，得妃于寿邸，与外传同其谬。张俞骊山记谓妃以处子入宫，似得其实。而李商隐碧城三首，一咏妃入道，一咏妃未归寿邸，一咏帝与妃定情系七月十六日，证以武皇内传分明在，莫道人间总不知。是足当诗史矣。

寅恪案：朱氏考证之文，似极可信赖。然一取其他有关史料核之，其误即见。其致误之由，在不加详考，遽信旧唐书卷五十一后妃传玄宗杨贵妃传所云：

（开元）二十四年（武）惠妃薨。

一语，但同书同卷与玄宗杨贵妃传连接之玄宗贞顺皇后武氏传云：

惠妃以开元二十五年十二月薨。

而竹垞所以未及注意此二传记载之冲突者，殆由新唐书卷七十六后妃传玄宗杨贵妃传亦承用旧传“开元二十四年武惠妃薨”之文。朱氏当日仅参取新书杨妃传，而未别考他传及他书。不知新书卷七十六后妃传于玄宗贞顺皇后武氏传，特删去旧传“开元二十五年薨”之语。岂宋子京亦觉其矛盾耶？夫武惠妃薨年为开元二十五年，非二十四年，可以两点证明。第一，旧唐书武惠妃传薨于开元二十四年之记载与其他史料俱不合。第二，武惠妃薨于开元二十四年于当时情事为不可能。先就第一点言之，如：

旧唐书卷九玄宗纪下云：

（开元二十五年）十二月丙午，惠妃武氏薨，追谥为贞顺皇后。

新唐书卷五玄宗纪云：

（开元二十五年）十二月丙午，惠妃薨。丁巳追册为皇后。

唐会要卷三皇后门略云：

玄宗皇后武氏。后幼入宫，赐号惠妃。开元二十五年十二月七日薨。（年四十。）赠皇后，谥曰贞顺。

通鉴卷二一四唐纪三十玄宗纪云：

（开元二十五年）十二月丙午，惠妃武氏薨，赠谥贞顺皇后。

大唐新语卷十一惩戒篇云：

三庶以（开元）二十五年四月二十三日死。武妃以十二月毙。（薨？）

可知武惠妃开元二十五年薨说，几为全部史料之所同，而旧唐书杨贵妃传武惠妃开元二十四年薨说，虽为新唐书杨贵妃传所沿袭误用，实仍是孤文单纪也。（今本乐史杨太真外传上云："［开］元二十一年十一月［武］惠妃即世。"乃数字传写讹误，可不置辨。又可参刘文典先生群书校补。）

再就第二点言之，旧唐书卷一百七十废太子瑛传叙玄宗之杀三庶人即太子瑛鄂王瑶光王琚事略云：

及武惠妃宠幸，（瑛生母赵）丽妃恩乃渐弛。时鄂王瑶母皇甫德仪，光王琚母刘才人亦渐疏薄。瑛于内第与鄂光王等自谓母氏失职，尝有怨望。惠妃女咸宜公主出降于杨洄。（开元）二十五年四月，杨洄又构于惠妃。言瑛兄弟三人，常构异谋。玄宗使中官宣诏于宫中，并废为庶人，俄赐死于城东驿。其年，武惠妃数见三庶人为祟，怖而成疾，巫者祈请弥月，不痊而殒。

传文之神话附会姑不论，但若武惠妃早薨于开元二十四年，则三庶人将不致死于二十五年四月矣。此武惠妃薨于开元二十四年，所以于当时情事，为不可能。而依朱氏所考，杨妃于开元二十五年正月二日即已入宫，实则其时武惠妃尚在人间。岂不成为尹邢觌面？是朱氏所谓：

武惠妃薨，后宫无当帝意者。或奏妃姿色冠代，乃度为女道士。

即谓杨贵妃为武惠妃之替身者，亦绝对不可能矣。

又朱氏所根据之材料，今见适园丛书本唐大诏令集卷四十，其册寿王杨妃文年月为开元二十三年岁次乙亥十二月壬子朔二十四日乙亥。册寿王韦妃文为天宝四载岁次乙酉七月丁卯朔二十六日壬辰。至度寿王妃（杨氏）为女道士敕文，则不载年月。全唐文卷三十五及三十八均同。通鉴卷二百一十四唐纪亦著开元二十三年十二月乙亥册故蜀州司户杨玄琰女为寿王妃。此条考异云："实录载册文云杨玄璬长女。"盖唐大诏令集之所载，乃宋次道采自唐实录也。又通鉴卷二百一十五唐纪天宝四载秋七月壬午册韦昭训女为寿王妃。八月壬寅册杨太真为贵妃。其考异云：

统纪八月册女道士杨氏为贵妃。本纪甲辰。唐历甲寅。今据实录，壬寅，赠太真妃父玄琰等官。甲辰甲寅皆在后，恐

◎ 长恨歌图（局部6）日本 狩野山雪 绘

册妃在赠官前。新本纪亦云，八月壬寅，立太真为贵妃。今从之。

寅恪案：杨氏之度为女道士入宫与册为贵妃本为先后两事。其度为女道士，实无详确年月可寻。而章实斋考此事文中“天宝四载乙酉有度寿王妃杨氏入道册文”云云，岂司马君实朱锡鬯所不能见之史料，而章氏尚能知之耶？实误会臆断所致，转以“朱竹垞所考入宫亦未确”为言，恐不足以服朱氏之心。至杭大宗之文，亦不过得见钱曾读书敏求记四集部唐大诏令集提要，及曝书亭集敷衍而为之说，未必真见第一等材料而详考之也。

复次，朱氏唐代典礼制度之说，似极有根据，且依第一等材料开元礼为说。在当时，开元礼尚非甚习见之书，或者使人不易辨别其言之当否。独不思世人最习见之通典，其书一百六至一四十为开元礼纂类，其五礼篇目下注云：

谨按斯礼，开元二十年撰毕。自后仪法续有变改，并具沿革篇。为是国家修纂，今则悉依旧文，不辄有删改。本百五十卷，类例成三十五卷，冀寻阅易周，览之者幸察焉。

足征杜氏悉依开元礼旧文，节目并无更改。其书卷一百二十九礼典卷八十九开元礼纂类卷二十四嘉礼卷八亲王纳妃条所列典礼先后次第，为（一）纳采。（二）问名。（三）纳吉。（四）纳征。（五）请期。（六）册妃。（七）亲迎。（八）同牢。（九）妃朝见。（一〇）婚会。（一一）妇人礼会。（一二）飨丈夫送者。（一三）飨妇人送者。其册妃之前为请期，其后即接亲迎，同牢。是此三种典礼之间，虽或有短期间之距离，然必不致太久。即如朱氏所考杨氏之受册为寿王妃在开元二十三年十二月二十四日，度为女道士在开元二十五年正月二日，则其间相隔已逾一岁，颇已有举行亲迎同牢之危险矣。何况开元二十五年正月二日武惠妃尚在人间，其薨年实在开元二十五年十二月七日。（朱氏所考窦氏忌辰为正月二日，乃依据唐会要卷二十三忌日门永贞元年十二月中书门下之奏。及册寿王妃杨氏为开元二十三年十二月二十四日，乃依唐大诏令集。皆甚精确。）是杨氏入宫，至早亦必在开元二十六年正月二日。其间相隔至少已越两岁，岂有距离如是长久，既已请期而不亲迎同牢者乎？由此观之，朱氏“妃以处子入宫似得其实。”之论，殊不可信从也。

至杨氏究以何时入宫，则度寿王妃杨氏为女道士勅文虽无年月，然必在开元二十五年十二月七日武惠妃薨以后，天宝四载八月壬寅日即十七日册杨太真为贵妃以前。新唐书卷五玄宗纪云：

开元二十八年十月甲子，幸温泉宫。以寿王妃杨氏为道士，号太真。

南部新书辛云：

杨妃本寿王妃，（开元）二十八年，度为道士入内。

杨太真外传上云：

（开元）二十八年十月，玄宗幸温泉宫。使高力士取杨氏女于寿邸。度为女道士，号太真，住内太真宫。

正史小说中诸记载何所依据，今不可知。以事理察之，所记似最为可信。姑假定杨氏以开元二十八年十月为玄宗所选取，其度为女道士敕文中之太后忌辰，乃指开元二十九年正月二日睿宗昭成窦后之忌日。虽不中，不远矣。又资治通鉴记度寿王妃杨氏为女道士入宫事于天宝三载之末，亦有说焉。通鉴记事之例，无确定时间可稽者，则依约推测，置于某月，或某年，或某帝纪之末，或与某事有关者之后。司马君实盖以次年即天宝四载有册寿王妃韦氏及立太真妃杨氏为贵妃事，因追书杨氏入道于前一岁，即天宝三载裴敦复赂杨太真姊致裴宽贬官事之后耳。其实非有确定年月可据也。

但读者若以杨氏入宫即在天宝三载，则其时上距武惠妃之薨已逾六岁，于事理不合。至册韦昭训女为寿王妃事，竟迟至天宝四载者，则以其与册杨太真为贵妃事，互为关联。喜剧之

◎ 长恨歌图（局部7）日本 狩野山雪 绘

一幕，至此始公开揭露耳。宫闱隐秘，史家固难深悉，而通鉴编撰时，此度寿王妃杨氏为女道士敕文已无年月日可考，亦可因而推知也。

歌云：

春寒赐浴华清池。温泉水滑洗凝脂。侍儿扶起娇无力，始是新承恩泽时。

关于玄宗临幸温泉之时节，俟于下文考释“七月七日长生殿，夜半无人私语时”句时详辨之，姑不赘言。

兹止论赐浴华清池事。按唐六典卷十九温汤监一人正七品下注略云：

辛氏三秦纪云，骊山西有温汤，汉魏以来相传能荡邪蠲疫。今在新丰县西。后周庾信有温泉碑。皇朝置温泉宫，常所临幸。又天下诸州往往有之，然地气温润，植物尤早，卉木凌冬不凋，蔬果入春先熟，比之骊山，多所不逮。

又丞一人从八品下注云：

凡王公以下至于庶人，汤泉馆室有差，别其贵贱而禁其踰越。凡近汤之地，润黩（泽？）所及，瓜果之熟，先时而育者，必为之园畦，而课其树艺。成熟，则苞匦而进之，以荐陵庙。

寅恪案：温泉之浴，其旨在治疗疾病，除寒祛风。非若今世习俗，以为消夏逭暑之用者也。此旨即玄宗亦尝自言之，如全唐诗第一函明皇帝诗中有：

惟此温泉，是称愈疾。岂予独受其福，思与兆人共之。乘暇巡游，乃言其志。

桂殿与山连。兰汤涌自然。阴崖含秀色，温谷吐潺湲。绩为蠲邪着，功因养正宣。愿言将亿兆，同此共昌延。（此条失之眉睫，友朋中夏承焘先生首举以见告，甚感愧也。）

及幸凤泉汤五言排律云：

益龄仙井合，愈疾醴源通。

皆可为例证也。中唐以后以至宋代之文人，似已不尽了解斯义。故有荔枝香曲名起原故事之创造，及七夕长生殿私誓等物语之增饰。今不得不略为辨正。盖汉代宫中即有温室，如汉书孔光传所谓“不言温室树”者是也。倭名抄佛塔具之部云：

温室，内典有温室经。今按温室，即浴室也。俗名由夜。温泉一名汤泉。百病久病人入此水多愈矣。

寅恪案：今存内典中有北周惠远撰温室经义记一卷（大正藏一七九三号），又近岁发现敦煌石室写本中亦有唐惠净撰温室经疏一卷（伦敦博物院藏斯坦因号二四九七），此经为东汉中亚佛教徒安世高所译（即使出自依托，亦必六朝旧本。）。其书托之天竺神医耆域，广张温汤疗疾之功用，乃中亚所传天竺之医方明也。颇疑中亚温汤疗疾之理论及方法，尚有更早于世高之时者，而今不可详知矣。由北周惠远为此经作疏及同时庾信王褒为温汤作碑文事等（庾子山集卷十三艺文类聚卷九初学集卷七）观之，固可窥知其时温汤疗疾之风气。但子山之文作于北周明帝世任弘农太守时，实在“武帝天和三年三月皇后阿史那氏至自突厥”（见周书卷五一武帝纪。）以前，故此风气亦不必待缔婚突厥方始输入。考之北朝史籍如魏书卷四十一源贺传（北史卷二十八源贺传同。）云：

太和元年二月，疗疾于温汤。高祖文明太后遣使者屡问消息，太医视疾。患笃，还京师。

北齐书卷三十四杨愔传（北史卷四十一杨播传附愔传同。）云：

后取急，就雁门温汤疗疾。

魏书卷八十四儒林传常爽传（北史卷四十一常爽传同。）云：

爽置馆温水之右，教授门徒七百余人。京师学业，翕然复兴。

水经注卷十三㶟水篇引魏土地记云：

代城北九十里有桑干城。城西渡桑干水。去城十里有温汤，疗疾有验。

可知温汤疗疾之风气，本盛行于北朝贵族间。唐世温泉宫之建置，不过承袭北朝习俗之一而已。历代宫殿中如汉代之温室，唐代紫宸殿东之浴堂殿，（可参考通鉴卷二百三十七唐纪元和二年上召李绛对于浴堂条胡注。）虽不必供洗浴之用，但其名号疑皆从温汤疗疾之胡风辗转嬗蜕而来。今北京故宫武英殿之浴室，世所妄传为香妃置者，殆亦明清因沿前代宫殿建筑之旧称耶？又今之日本所谓风吕者，原由中国古代输入，或与今欧洲所谓土耳其浴者，同为中亚故俗之遗。寅恪浅陋，姑妄言之，以俟当世博识学人之教正焉。

总而言之，温汤为疗疾之用之主旨既明，然后玄宗之临幸华清，必在冬季或春初寒冷之时节，始可无疑。而长生殿七夕私誓之为后来增饰之物语，并非当时真确之事实一点，亦易证明矣。

歌云：

云鬓花颜金步摇。芙蓉帐暖度春宵。

◎ 长恨歌图（局部8）日本 狩野山雪 绘

太真外传上云：

上（玄宗）又自执丽水镇库紫磨金琢成步摇，至妆阁，亲与插鬓上。

寅恪案：乐史所载，未详其最初所出。或者即受长恨歌之影响，而演成此物语，亦未可知。但依安禄山事迹下及新唐书卷三十四五行志所述，天宝初妇人时世妆有步摇钗。（见下新乐府章上阳白发人篇。）杨妃本以开元季年入宫，其时间与姚欧所言者连接。然则乐天此句不仅为词人藻饰之韵语，亦是史家纪事之实录也。

歌云：

姊妹弟兄皆列土，可怜光彩生门户。遂令天下父母心，不重生男重生女。

寅恪案：唐黄（滔）先生文集卷七答陈磻隐论诗书云：

大唐前有李杜，后有元白。信若沧溟无际，华岳干天。然自李飞数贤，多以粉黛为乐天之罪。殊不谓三百五篇多乎女子，盖在所指说如何耳。至如长恨歌云，遂令天下父母心，不重生男重生女。此刺以男女不常，阴阳失伦。其意险而奇，其文平而易。所谓言之者无罪，闻之者足以自戒哉。

寅恪案：黄氏所言，亦常谈耳。但唐人评诗，殊异于宋贤苛酷迂腐之论，于此可见。故附录之。

歌云：

骊宫高处入青云，仙乐风飘处处闻。缓歌慢舞凝丝竹，尽日君王看不足。渔阳鞞鼓动地来，惊破霓裳羽衣曲。

寅恪案：全唐诗第十六函白居易卷二十一霓裳羽衣（原注：一有舞字。寅恪案：有舞字者是。）歌（原注：和微之。）云：

飘然转旋回雪轻，嫣然纵送游龙惊。小垂手后柳无力，斜曳裾时云欲生。

乐天自注云：

四句皆霓裳舞之初态。

此可供慢舞义之参考。又白氏长庆集卷五十四早发赴洞庭舟中作云：

出郭已行十五里，唯销一曲慢霓裳。

寅恪案：此亦可与缓歌之义相证发。故并附录之。但有可疑者，霓裳羽衣舞歌云：

繁音急节十二遍，跳珠撼玉何铿铮。

则谓中序以后至终曲十二遍皆繁音急节，似与缓歌慢舞不合。岂乐天作长恨歌时在入翰林之前。非如后来作“霓裳羽衣歌”所云：

我昔元和侍宪皇，曾陪内宴宴昭阳。

者，乃依据在翰林时亲见亲闻之经验。致有斯歧异耶？姑记此疑，以俟更考。

又“看不足”别本有作“听不足”者，非是。盖白公霓裳羽衣舞歌云：

千歌万舞不可数，就中最爱霓裳舞。舞时寒食春风天，玉钩栏下香案前。案前舞者颜如玉，不着人家俗衣服。虹裳霞帔步摇冠，钿璎累累佩珊珊。娉婷似不任罗绮，顾听乐悬行复止。

皆形容舞者。既着重于舞，故以作“看”为允。

自来考证霓裳羽衣舞之作多矣。其中宋王灼碧鸡漫志所论颇精。近日远藤实夫长恨歌之研究一书，征引甚繁。总而言之，其重要材料有二，一为唐会要，一为全唐诗第十六函白居易卷二十一霓裳羽衣舞歌。兹请据此两者略论之。唐会要卷三十三诸乐条天宝十三载七月十日太乐署供奉曲名及改诸乐名黄钟商时号越调下有：

婆罗门改为霓裳羽衣。

之记载。是此霓裳羽衣本名婆罗门，可与乐天霓裳羽衣舞歌“杨氏创声君造谱”句自注所言：

开元中，西凉府节度杨敬述造。

者相印证。又旧唐书卷八玄宗纪上（旧唐书卷一百九十四突厥传上新唐书卷五玄宗纪二一五突厥传上通鉴卷二百一十二唐纪二十八玄宗纪开元八年十一月九年正月等条略同。）云：

（开元八年）秋九月，突厥（暾）欲谷寇甘源（源通鉴作凉。）等州。凉州都督杨敬述为所败，掠契苾部落而归。

其所记时代，姓名，官职与白氏所言均相符同，足证白氏此说必有根据。然则此曲本出天竺，经由中亚，开元时始输入中国。（远藤氏取印度祀神，舞于香案钩栏前者，以相比拟。或不致甚谬，而刘禹锡望女几山诗序，郑嵎津阳门诗注，及逸史，龙城录，诸书所述神话之不可信，固无待辨。）据欧阳修六一诗话云：

霓裳羽衣曲，今教坊尚能作其声，其舞则废而不传矣。

则北宋时，其舞久已不传，今日自不易考知也。又册府元龟卷五百六十九掌礼部作乐类五（参看同书同卷大和三年九月庚辰条，大和九年五月丁巳条，旧唐书卷一百六十八新唐书卷一百七十七冯定传新唐书卷二十二礼乐志等。）云：

（文宗）开成元年七月，教坊进霓裳羽衣舞女十五以下者三百人。帝绝畋游驰骋之事，思玉帛钟鼓之本。语及音律，每谓丝竹自有正声，人但趣于郑卫。乃造云韶等法曲，遇内宴奏之。顾大臣曰，笙磬同音，沈吟躭味，不图为乐至于斯。十月，太常奏成云韶乐。

唐阙史下李可及戏三教条（参云溪友议上古制兴条。）略云：

参寥子曰，开成初，文宗皇帝耽玩经典，好古博雅。尝欲黜郑卫之乐，复正始之音。有太常寺乐官尉迟璋者，善习古乐为法曲。笙磬琴瑟，戛击铿拊，咸得其妙，遂成霓裳羽衣曲以献。诏中书门下及诸司三品以上，具朝服班坐以听。因以曲名宣赐贡院，充试进士赋题。（寅恪案，开成二年高锴知贡举，恩赐诗题曰霓裳羽衣曲。三年复以前诗题为赋。见唐摭言卷十五杂记条。今云溪友议所载李肱之诗，是其于开成二年举进士所作也。文苑英华卷七十四所载沈朗陈嘏及阙名之霓裳羽衣曲赋三篇，则开成三年进士之文之留存于今日者也。）

文苑英华卷七十四陈嘏霓裳羽衣曲赋云：

尔其绛节回互，霞袂飘飏。

◎ 长恨歌图（局部9）日本 狩野山雪 绘

唐语林卷七补遗略云：

宣宗妙于音律。每赐宴前，必制新曲。其曲有霓裳者，率皆执幡节，被羽服，飘然有翔云飞鹤之势。

是文宗宣宗之世，并有霓裳羽衣曲之名。然唐阙史以为开成时之霓裳羽衣曲乃尉迟璋所创。唐语林亦目大中时之霓裳为新曲。又二者于舞时皆执“节”，亦为乐天诗中所未及。或后来所制者，已非复玄宗时之旧观耶？今就乐天霓裳羽衣舞歌所言此曲散序云：

磬箫筝笛递相搀，击擫弹吹声逦迤。

自注云：

凡法曲之初，众乐不齐，惟金石丝竹，次第发声。霓裳序初亦复如此。

又云：

散序六曲未动衣，阳台宿云慵不飞。

自注云：

散序六遍无拍，故不舞也。

又白氏长庆集卷五十八王子晋庙诗云：

鸾吟凤唱听无拍，多似霓裳散序声。

可以窥见霓裳散序之大概。今日本乐曲有所谓“清海波”者，据云即霓裳散序之遗音，未知然否也。乐天又叙写霓裳中序云：

中序擘騞初入拍，秋竹竿裂春冰拆。

自注云：

中序始有拍，亦名拍序。

又叙写中后十二遍云：

繁音急节十二遍，跳珠撼玉何铿铮。

自注云：

霓裳破凡十二遍而终。

寅恪案：他本有作“霓裳曲”者，但全唐诗第十六函作“霓裳破凡十二遍而终”，是。盖全曲共十八遍，非十二遍。白氏长庆集卷五十六卧听法曲霓裳诗所谓：

宛转柔声入破时。者是也。至乐天于：

渔阳鼙鼓动地来，惊破霓裳羽衣曲。

句中特取一“破”字者，盖破字不仅含有破散或破坏之意，且又为乐舞术语，用之更觉浑成耳。

又霓裳羽衣“入破时”，本奏以缓歌柔声之丝竹。今以惊天动地急迫之鞞鼓，与之对举。相映成趣，乃愈见造语之妙矣。

乐天又述终曲云：

翔鸾舞了却收翅，唳鹤曲终长引声。

自注云：

◎ 长恨歌图（局部10）日本 狩野山雪 绘

凡曲将毕，皆声拍促速。唯霓裳之末，长引一声也。

据上所引，可以约略窥见此曲之大概矣。

又国史补上王维画品妙绝条（旧唐书卷一百九十下文苑传下新唐书卷二百二文艺传中王维传俱有相同之记载。）有“霓裳羽衣曲第三迭第一拍”之语，与乐天在元和年间为翰林学士时所亲见亲闻者不合。国史补作者李肇，为乐天同时人，且曾为翰林学士，（见翰苑群书重修承旨学士壁记附录翰林学士题名及新唐书卷五十八艺文志史部杂史类。）何以有此误，岂肇未尝亲见此舞耶，或虽亲见此舞，录此条时曾未注意耶？殊不可解，姑记此疑，以俟详考。

又乐天平生颇以长恨歌之描写霓裳羽衣舞曲自诩，即如此诗云：

我爱霓裳君合知，发于歌咏形于诗。君不见我歌云，惊破霓裳羽衣曲。

自注云：

长恨歌云。

是也。

歌云：

九重城阙烟尘生，千乘万骑西南行。翠华摇摇行复止。西出都门百余里。六军不发无奈何，宛转蛾眉马前死。

寅恪案：唐人类以玄宗避羯胡入蜀为南幸。元和郡县志卷二关内道京兆府兴平县条云：

马嵬故城在县西北二十三里。

又：

兴平县东至府九十里。

即此诗所谓“千乘万骑西南行”“西出都门百余里”者也。

岑建功旧唐书校勘记三十二（卷五十一）玄宗杨贵妃传“既而四军不散”条略云：

御览卷一百四十一作六军。按张氏宗泰云，以新书兵志考之，大抵以左右龙武左右羽林军合成四军。及至德二载，始置左右神武军。是至德以前有四军无六军明矣。白居易长恨歌传曰，六军徘徊。歌曰，六军不发无奈何。盖诗人沿天子六军旧说，未考盛唐之制耳。此作四军，是。因附辨于此。

寅恪案：张氏说是也。不仅诗人有此误，即唐李繁邺侯家传（玉海卷一百三十八兵制）云：

（玄宗）后以左右神武军与龙武羽林备六军之数。

又云：

玄宗幸蜀，六军扈从者千人而已。

宋史家司马君实之通鉴卷二百一十八唐纪云：

（至德元载）（即天宝十五载，司马君实用后元，于此等处殊不便。）（六月壬辰）（即初十日）既夕，命龙武大将军陈玄礼整比六军。

亦俱不免于六军建置之年月有所疏误。考旧唐书卷九玄宗纪下云：

（天宝十五载）六月壬寅（即二十日），次散关，分部下为六军。颍王璬先行，寿王瑁等分统六军，前后左右相次。

是天宝十五载六月二十日以后，似亦可云六军。而在此以前即唐玄宗与杨贵妃在马嵬顿[1]时，自以作四军为是。但旧唐书卷十肃宗纪亦云：

（天宝十五载六月）丁酉，至马嵬顿。六军不进。

是李唐本朝实录尚且若此，则诗人沿袭天子六军旧说，未考盛唐之制，又何足病哉？

又刘梦得文集卷八马嵬行云：

贵人饮金屑，倏忽蕣英暮。（见校补记五。）

1　马嵬顿即马嵬坡。

【校补记五】

（“倏忽蕣英暮”句下加：）平生服杏丹，颜色真如故。

则以杨贵妃为吞金而非缢死，斯则传闻异词，或可资参考者也。（见校补记六。）

【校补记六】

（删去“则以”至“者也”二十五字。改加下列一段：）寅恪案，旧唐书卷五十一后妃传上玄宗杨贵妃传（参新唐书卷七十六后妃传上玄宗杨贵妃传及通鉴卷二百一十八唐纪肃宗纪至德元载五月条。）云：

帝不获已，与妃诏，遂缢死于佛室。

太真外传下云：

上入行宫，抚妃子出于厅门，至马道北墙口而别之，使（高）力士赐死。妃泣涕呜咽，语不胜情，乃曰，愿大家好住。妾诚负国恩，死无恨矣。乞容礼佛。帝曰，愿妃子善地受生。力士遂缢于佛堂之梨树下。

寅恪所见记载，几皆言贵妃缢死马嵬，独梦得此诗谓其吞金自尽。疑刘诗“贵人饮金屑”之语，乃得自“里中儿”，故有此异说耳。（检沈涛瑟榭丛谈下云：“杨贵妃缢死马嵬，传记无异说。刘梦得诗贵人饮金屑，乃用晋书贾后传，赵王伦矫遣尚书刘宏等，赍金屑酒赐后死故事，以喻当日贵妃赐死情事耳。或遂疑贵妃实服金屑，误矣。”寅恪以为沈说固可通，但吾国昔时贵显者，致死之方法多种兼用，吞金不过其一。杨妃缢死前，或曾吞金，是以里中儿传得此说，亦未可知。故不必认为仅用古典已也。又杜工部集卷一“哀江头”云：“明眸皓齿今何在，血污游魂归不得。”盖安禄山进兵长安，少陵潜伏避祸，传闻杨妃为兵士所杀害，实非真知亲见者可比，本不得据为典要。至张耒张右史文集卷八“读中兴颂碑”七古首句云，“玉环妖血无人扫”。夫杨妃缢死，或吞金死，皆无流血满地之可能。文潜所云，当即出于少陵诗句，但未免过于夸大耳。）据今日病理家理论，吞金绝不能致死。红楼梦记尤二姐吞金自尽事，亦与今日科学不合也。所可注意者，乐史谓妃缢死于梨树之下，恐是受香山“梨花一枝春带雨”句之影响。果尔，则殊可笑矣。至刘诗“平生服杏丹，颜色真如故”之语，据葛洪神仙传卷六董奉传（可参三国志卷四十九吴志四士燮传裴注引葛洪神仙传。）略云：

杜燮为交州刺史（寅恪案，“杜”当作“士”。），得毒病死。死已三日，奉时在彼，乃往与药三丸，内在口中，以水灌之，使人举其头，摇而消之。须臾手足似动，颜色渐还，燮遂活。（奉）后还豫章庐山下居，居山不种田，日为人治病，亦不取钱，重病愈者，使栽杏五株，轻者一株。如此数年，计得十余万株，郁然成林。

然则稚川之传，乃梦得诗此二句之注脚也。

歌云：

峨嵋山下少人行，旌旗无光日色薄。

梦溪笔谈卷二十三讥谑附谬误类云：

白乐天峨嵋山下少人行，旌旗无光日色薄。峨嵋山在嘉州，与幸蜀路并无交涉。

寅恪案：元氏长庆集卷十七东川诗好时节绝句云：

身骑骢马峨嵋下，面带霜威卓氏前。虚度东川好时节，酒楼元被蜀儿眠。

按微之以元和四年三月以监察御史使东川，按故东川节度使严砺罪状。（详见旧唐书卷一百六十六元稹传，白氏长庆集卷六十一元稹墓志铭，元氏长庆集卷十七及三十七等。）考东川所领州，屡有变易。至元和四年时为梓，遂，绵，剑，龙，普，陵，泸，荣，资，简，昌，合，渝，十四州。是年又割资简二州隶西川。（见新唐书卷六十八方镇表东川表及元和郡县图志卷三十三东川节度使条。）微之固无缘骑马经过峨嵋山下也。夫微之亲到东川，尚复如此，何况乐天之泛用典故乎？故此亦不足为乐天深病。

歌云：

蜀江水碧蜀山青。圣主朝朝暮暮情。行宫见月伤心色，夜雨闻铃肠断声。

寅恪案：段安节乐府杂录（据守山阁丛书本。又可参教坊记曲名条。）云：

雨霖铃

雨淋铃者，因唐明皇驾回至骆谷，闻雨淋銮铃，因令张野狐撰为曲名。（依御览补。）

全唐诗第十九函张祜卷二雨霖铃七绝云：

雨霖铃夜却归秦。犹见（见一作是。）张徽一曲新。长说上皇和泪教，月明南内更无人。

◎ 长恨歌图（局部11）日本 狩野山雪 绘

郑处诲明皇杂录补遗（据守山阁本又可参杨太真外传下。）略云：

明皇既幸蜀，西南行。初入斜谷，属霖雨涉旬，于栈道雨中闻铃音与山相应。上既悼念贵妃，采其声为雨霖铃曲，以寄恨焉。时梨园子弟善吹觱篥[1]者，张野狐为第一。此人从至蜀，上因以其曲授野狐。洎至德中，车驾复幸华清宫。上于望京楼中命野狐奏雨霖铃曲。未半，上四顾凄凉，不觉流涕。左右感动，与之歔欷。其曲今传于法部。

若依乐天诗意，玄宗夜雨闻铃，制曲寄恨，其事在天宝十五载赴蜀途中，与郑书合，而与张诗及段书之以此事属之至德二载由蜀返长安途中者，殊不相同。但据旧唐书卷九玄宗纪下略云：

（至德二载）九月郭子仪收复两京。十月肃宗遣中使啖廷瑶入蜀奉迎。丁卯上皇发蜀都。十一月丙申次凤翔郡。十二月丙午肃宗具法驾至咸阳望贤驿迎奉。丁未至京师。

是玄宗由蜀返长安，其行程全部在冬季，与制曲本事之气候情状不相符应。故乐天取此事属之赴蜀途中者，实较合史实。非仅以“见月”“闻铃”两事相对为文也。

歌云：

1　觱（bì）篥（lì），古代的一种管乐器。

天旋日转回龙驭。到此踌躇不能去。马嵬坡下泥土中，不见玉颜空死处。

高彦休阙史上郑相国（畋）题马嵬诗条云：

肃宗回马杨妃死，云雨虽亡日月新。终是圣明天子事，景阳宫井又何人。

吴曾能改斋漫录卷八马嵬诗条载台文此诗，“肃宗”作“明皇”，“圣明”作“圣朝”。计有功唐诗记事卷五十六亦载此诗，惟改“肃”字为“玄”字（又圣明作圣朝），今通行坊本选录台文此诗，则并改“虽亡”为“难忘”，此后人逐渐改易，尚留痕迹者也。但台文所谓“肃宗回马”者，据旧唐书卷十肃宗纪略云：

于是玄宗赐贵妃自尽。车驾将发，留上（肃宗）在后宣谕百姓。众泣而言曰，请从太子收复长安。玄宗闻之，令（高）力士口宣曰，汝好去。上（肃宗）回至渭北，时从上惟广平建宁二王，及四军（寅恪案，此言四军，可与旧唐书卷五十一后妃传杨贵妃传参证。）将士才二千人，自奉天而北。

盖肃宗回马及杨贵妃死，乃启唐室中兴之二大事，自宜大书特书，此所谓史笔卓识也。“云雨”指杨贵妃而言，谓贵妃虽死而日月重光，王室再造。其意义本至明显平易。今世俗习诵之本易作：

玄宗回马杨妃死，云雨难忘日月新。

固亦甚妙而可通，但此种改易，必受长恨歌此节及玄宗难忘杨妃令方士寻觅一节之暗示所致，殊与台文元诗之本旨绝异。斯则不得不为之辨正者也。又李义山马嵬七律首二句，“海外徒闻更九州岛。他生未卜此生休。”实为绝唱，然必系受长恨歌“忽闻海上有仙山。”一节之暗示无疑。否则义山虽才思过人，恐亦不能构想及此。故寅恪尝谓此诗乃长恨歌最佳之缩本也。（见校补记七。）

【校补记七】

（段后加：）又刘梦得“马嵬行”末句云：

指环照骨明，首饰敌连城。将入咸阳市，犹得贾胡惊。

寅恪案，西京杂记卷一云：

（高祖）戚妃以百炼金为彄环，照见指骨。上恶之，以赐侍儿鸣玉耀光等各四枚。

盖戚妃与杨妃身分适合，梦得用典精切，于此可见。由是推之，贵妃死后，疑有盗墓之举，刘氏不欲显言之，但其意

◎ 长恨歌图（局部12）日本 狩野山雪 绘

非指杨妃托身逃遁也。昔友人言，日本有杨贵妃墓，曾见其照片。日本受中国文化甚深，白乐天诗尤具重大影响。长恨歌既有“忽闻海上有仙山”之句，日本以蓬莱三岛之仙山自命，此与彼国熊野有徐福墓者，正复相似，自可不必深究也。

歌云：

夕殿萤飞思悄然，孤灯挑尽未成眠。

邵博闻见后录卷十九云：

白乐天长恨歌有夕殿萤飞思悄然，孤灯挑尽未成眠。之句，宁有兴庆宫中，夜不烧蜡油，明皇帝自挑灯者乎？书生之见可笑耳。

寅恪案：南史卷三十七沈庆之传附沈攸之传云：

富贵拟于王者，夜中诸厢廊然烛达旦。

欧阳修归田录卷一（参考宋史卷二百八十一寇准传，及陆游“烛泪成堆又一时”之句。）云：

邓州花蜡烛名著天下，虽京师不能造。相传云是寇莱公烛法。公尝知邓州，而自少年富贵，不点油灯。尤好夜宴剧饮，虽寝室亦然烛达旦。每罢官去后，人至官舍，见溷厕间烛泪在地，往往成堆。杜祁公为人清俭，在官未尝然官烛。油灯一炷，荧然欲灭，与客相对，清谈而已。

夫富贵人烧蜡烛而不点油灯，自昔已然。北宋时又有寇平仲一段故事，宜乎邵氏以此笑乐天也。考乐天之作长恨歌在其任翰林学士以前，宫禁夜间情状，自有所未悉，固不必为之讳辨。惟白氏长庆集卷十四禁中夜作书与元九云：

心绪万端书两纸，欲封重读意迟迟。五声钟漏初鸣后，一点窗灯欲灭时。

此诗实作于元和五年乐天适任翰林学士之时，而禁中乃点油灯，殆文学侍从之臣止宿之室，亦稍从朴俭耶？（参刘文典先生群书斠补。）至上皇夜起，独自挑灯，则玄宗虽幽禁极凄凉之景境，谅或不至于是。文人描写，每易过情，斯固无足怪也。

歌云：

上穷碧落下黄泉，两处茫茫皆不见。

寅恪案：太平广记卷二百五十一诙谐类张祜条（参孟棨本事诗嘲戏类。）云：

（张祜）曰，祜亦尝记得舍人目莲变。白曰，何也？曰，上穷碧落下黄泉，两处茫茫皆不见，非目莲变何邪？（出摭言。）

此虽一时文人戏谑之语，无关典据，以其涉及此诗，因并附录之，借供好事者之谈助，且可取与敦煌发见之目莲变文写本印证也。

歌云：

中有一人字太真，雪肤花貌参差是。

◎ 长恨歌图（局部13）日本 狩野山雪 绘

杨太真外传上云：

（开元）二十八年十月，玄宗幸温泉宫，使高力士取杨氏女于寿邸，度为女道士，号太真，住内太真宫。

寅恪案：此有二问题，即长安禁中是否实有太真宫，及太真二字本由何得名，是也。考唐会要卷十九仪坤庙条略云：

先天元年十月六日，祔昭成肃明二皇后于仪坤庙。（庙在亲仁里。）

开元四年十一月十六日，昭成皇后祔于太庙。至八月九日敕，肃明皇后，依前仪坤庙安置。于是迁昭成皇后神主祔于睿宗之室，惟留肃明皇后神主于仪坤庙。八月二日敕，仪坤庙隶入太庙，不宜顿置官属。至二十一年正月六日，迁祔肃明皇后神主于太庙，其仪坤庙为肃明观。

又同书卷五十观条云：

咸宜观，亲仁坊，本是睿宗藩国地。开元初置昭成肃明皇后庙，号仪坤。后昭成迁入太庙。开元四年八月九日勅，肃明皇后（依）前于仪坤庙安置。二十一年五月六日肃明皇后祔入太庙，遂为道士观。宝历元年（据宋敏求长安志卷八引，应作宝应元年。）五月，以咸宜公主入道，与太真观换名焉。

太真观，道德坊，本隋秦王浩宅。

夫长安城中于宫禁之外，实有祀昭成太后之太真宫，可无论矣。而禁中亦或有别祀昭成窦后之处，与后来帝王于宫中别建祠庙以祠其先世者相类，（梁武帝亦于宫内起至敬殿以祀其亲。见广弘明集卷二十九上梁武帝孝思赋序及梁书卷三高祖纪下南史卷七梁本纪中武帝下。）即所谓内太真宫。否则杨妃入宫，无从以窦后忌辰追福为词，且无因以太真为号。恐未可以传世唐代宫殿图本中无太真宫之名，而遽疑之也。

又据旧唐书卷七新唐书卷五睿宗纪，睿宗之谥为大圣真皇帝。肃明，昭成，皆睿宗之后妃，玄宗之嫡母生母俱号太后，故世俗之称祀两太后处为太真宫者，殆以此故。不仅真字在道家与仙字同义也。

歌云：

风吹仙袂飘飘举，犹似霓裳羽衣舞。

寅恪案：旧唐书卷五十一玄宗杨贵妃传云：

太真姿质丰艳，善歌舞，通音律。

则杨妃亲舞霓裳亦是可能之事。歌中所咏或亦有事实之依据，非纯属词人回映前文之妙笔也。

◎ 长恨歌图（局部14）日本 狩野山雪 绘

又杨太真外传上云：

上又宴诸王于木兰殿。时木兰花发，皇情不悦。妃醉中舞霓裳羽衣一曲，天颜大悦。

寅恪案：太真亲舞霓裳，未知果有其事否？但乐天新乐府胡旋舞篇云：

天宝季年时欲变，臣妾人人学圆转。中有太真外禄山，二人最道能胡旋。

疑有所本。胡旋舞虽与霓裳羽衣舞不同，然俱由中亚传入中国，同出一源，乃当时最流行之舞蹈。太真既善胡旋舞，则其亲自独舞霓裳，亦为极可能之事。所谓“尽日君王看不足”者，殆以此故欤？

歌云：

临别殷勤重寄词。词中有誓两心知。七月七日长生殿，夜半无人私语时。在天愿为比翼鸟，在地愿为连理枝。天长地久有时尽，此恨绵绵无绝期。

寅恪案：此节有二问题，一时间，二空间。关于时间之问题，则前论温汤疗疾之本旨时已略言之矣。夫温泉祛寒去风之旨既明，则玄宗临幸温汤必在冬季春初寒冷之时节。今详检两唐书玄宗纪无一次于夏日炎暑时幸骊山，而其驻跸温泉，常在冬季春初，可以证明者也。（参刘文典先生群书斠补。）夫君举必书，唐代史实，武宗以前大抵完具。若玄宗果有夏季临幸骊山之事，断不致漏而不书。然则决无如长恨歌传所云，天宝十载七月七日玄宗与杨妃在华清宫之理，可以无疑矣。此时间之问题也。

若以空间之问题言，则旧唐书卷九玄宗纪下略云：

天宝元年冬十月丁酉，幸温泉宫。辛丑，新成长生殿，名曰集灵台，以祀天神。

唐会要卷三十华清宫条云：

天宝元年十月造长生殿，名为集灵台，以祀神。

唐诗纪事卷六十一（全唐诗第二十一函）郑嵎津阳门诗注云：

飞霜殿即寝殿，而白传长恨歌以长生殿为寝殿，殊误矣。

又云：

有长生殿，乃斋殿也。有事于朝元阁，即御长生殿以沐浴也。

据此，则李三郎与杨玉环乃于祀神沐浴之斋宫，夜半曲叙儿女私情。揆之事理，岂不可笑？推其所以致误之由，盖因唐代寝殿习称长生殿，如通鉴卷二百七长安四年太后寝疾居长生院条胡梅涧注云：

长生院即长生殿。明年五王诛二张，进至太后所寝长生殿，同此处也。盖唐寝殿皆谓之长生殿。此武后寝疾之长生殿，洛阳宫寝殿也。肃宗大渐，越王系授甲长生殿，长安大明宫之寝殿也。白居易长恨歌所谓七月七日长生殿，夜半无人私语时。华清宫之长生殿也。

寅恪案：唐代宫中长生殿虽为寝殿，独华清宫之长生殿为祀神之斋宫。神道清严，不可阑入儿女猥琐。乐天未入翰林，犹不谙国家典故，习于世俗，未及详察，遂致失言。胡氏史学颛家，亦混杂征引，转以为证，疏矣。

复次，涵芬楼本说郛卷三十二范正敏遯斋闲览论杜牧“一骑红尘妃子笑，无人知是荔枝来”句云：

据唐纪，明皇常以十月幸华清，至春即还宫，未尝六月在

◎ 长恨歌图（局部15）日本 狩野山雪 绘

骊山也。荔枝盛暑方熟，失事实。

但程大昌考古编驳之云：

说者谓明皇帝以十月幸华清，涉春即回，是荔枝熟时，未尝在骊山。然咸通中有袁郊作甘泽谣，载许云封所得荔枝香曲曰，天宝十四载六月一日是贵妃诞辰，命小部音声奏乐长生殿，进新曲，未有名。会南海献荔枝，因名荔枝香。开天遗事，帝与妃每至七月七日夜在华清游宴。而白香山长恨歌亦言，七月七日长生殿，夜半无人私语时。则知牧之乃当时传信语也。世人但见唐史所载，遽以传闻而疑传信，大不可也。

寅恪案：据唐代可信之第一等数据，时间空间，皆不容明皇与贵妃有夏日同在骊山之事实。杜牧袁郊之说，皆承讹因俗而来，何可信从？而乐天长恨歌“七月七日长生殿”之句，更不可据为典要。欧阳永叔博学通识，乃于新唐书卷二十二礼乐志壹云：

帝幸骊山。杨贵妃生日，命小部张乐长生殿。因奏新乐，未有名。会南方进荔枝，因名曰荔枝香。

长亦采甘泽谣之谬说，殊为可惜。故特征引而略辨之如此，庶几世之治文史者不致为所惑焉。又全唐诗第十函顾况宿昭应七绝云：

武帝祈灵太乙坛。新丰树色绕千官。那知今夜长生殿，独闭空山月影寒。

似比之乐天诗语病较少，故附写于此，以供参读。

翁方纲石洲诗话卷二云：

白公之为长恨歌霓裳羽衣曲诸篇，自是不得不然，不但不蹈杜公韩公之辙也。是乃浏漓顿挫，独出冠时，所以为豪杰耳。始悟后之欲复古者，真强作解事。

寅恪案：覃溪之论，虽未解当时文章体制，不知长恨歌乃唐代“驳杂无实”“文备众体”之小说中之歌诗部分，尚未免未达一间，但较赵宋以来尊杜抑白强作解事之批评，犹胜一筹。因附录于此。

论长恨歌既竟，兹于长恨歌传，略缀一言。今所传陈氏传文凡二本，其一即载于白氏长庆集卷十二长恨歌前之通行本。他一为文苑英华卷七百九十四附录丽情集中别本。而丽情集本与通行本差异颇多，其文句往往溢出于通行本之外。所最可注意者，通行本传末虽有“意者不但感其事，亦欲惩尤物，窒乱阶，垂于将来也。”一节小说体中不可少之议论文字，但据与此传及歌极有关系之作品，如莺莺传者观之，终觉分量较少。至丽情集本传文，则论议殊繁于通行本，如：

嘻！女德无极者也。死生大别者也。故圣人节其欲，制其情，防人之乱者也。生惑其志，死溺其情，又如之何？

又如通行本只有“如汉武帝李夫人”一语，而丽情集本则于叙贵妃死后别有：

叔向母云，其（其当作甚。）美必甚恶。李延年歌曰，倾国复倾城。此之谓也。

皆是其例。而观丽情本详及李夫人故事，亦可旁证鄙说“汉皇重色思倾国”一句，实暗启此歌下半段故事之非妄。又取两本传文读之，即觉通行本之文较佳于丽情本。颇疑丽情本为陈氏原文，通行本乃经乐天所删易。议论逐渐减少，此亦文章体裁演进之迹象。其后卒至有如连昌宫词一种，包括议论于诗中之文体，而为微之天才之所表现者也。寅恪尝以为搜神后记中之桃花源记，乃渊明集中桃花源记之初本。（见清华学报第十一卷第一期拙著桃花源记旁证。）此传或亦其比欤？傥承当世博识通人，并垂教正，则幸甚矣。

综括论之，长恨歌为具备众体体裁之唐代小说中歌诗部分，与长恨歌传为不可分离独立之作品。故必须合并读之，赏之，评之。明皇与杨妃之关系，虽为唐世文人公开共同习作诗文之题目，而增入汉武帝李夫人故事，乃白陈之所特创。诗句传文之佳胜，实职是之故。此论长恨歌者不可不知也。（见校补记八。）

【校补记八】

（段后加：）抑更有可论者，即白香山何以得由周至尉召入翰林为学士一重公案是也。旧唐书卷一百六十六白居易传云：

居易文辞富艳，尤精于诗笔，自雠校至结绶几甸，所著歌诗数十百篇，皆意存讽赋，箴时之病，补政之缺，而士君子多之，而往往流闻禁中，章武皇帝纳谏思理，渴闻谠言，（元和）

◎ 长恨歌图（局部16）日本 狩野山雪 绘

二年十一月，召入翰林为学士。

资治通鉴卷二百三十七唐纪宪宗纪元和二年十一月条云：

周至尉集贤校理白居易作乐府及诗百余篇，规讽时事，流闻禁中，上见而悦之，召入翰林为学士。

通鉴记此事本于旧书，而所谓乐府及诗百余篇，胡注无释，未知何所确指。考唐之德宪二宗，皆好诗篇，孟棨本事诗情感类“韩翊（寅恪案，“翊”当作“翃”下同。）少负才名”条略云：

李相勉镇夷门，又署为幕吏。韩翊殊不得意，多辞疾在家，唯末职韦巡官者与韩独善。一日，夜将半，韦扣门急，韩出见之，贺曰，员外除驾部郎中知制诰。韩大愕然，曰，必无此事，定误矣。韦就座曰，留邸状报制诰阙人，中书两进名，御笔不点出，又请之，且求圣旨所与。德宗批曰，与韩翊。时有与翊同姓名者，为江淮刺史，又具二人同进。御笔复批曰，春城无处不飞花。寒食东风御柳斜。日暮汉宫传蜡烛，青烟散入五侯家。又批曰，与此韩翊。韦又贺曰，此非员外诗也。韩曰，是也，是知不误矣。时建中初也。

及下附论（丁）元和体诗所引，唐语林卷二文学类文宗欲置诗学士条李珏之语。据此可知，唐代好诗之主，皆喜观览当时文士作品。但帝王深居九重，与通常人民隔绝，非经由宦寺之手，必无从得见此等当时新作品。白氏长庆集卷一宿紫阁山北村诗有“主人慎勿语，中尉正承恩”等句，同书卷二十八与元九书云：“闻宿紫阁村诗，则握军要者切齿矣。”依日本花房英树白氏文集之批判的研究第三部作品与篇目索引综合作品表，宿紫阁山北村诗作于元和五年，而元和元年十一月至五年九月之神策中尉，即所谓握军要者，乃吐突承璀，则宿紫阁山北村诗宪宗是否得见，殊不可知。以常情论，神策中尉似不应采进此诗也。由是言之，长恨歌之所以为宪宗所深赏，并阉寺视为与彼类无涉之作品，可以推知。今试释长恨歌内容有二特点：一为杨玉环虽极承宠爱，而终不得立为皇后，二为此诗描述神仙之韵事风情，为当时诗人所不能及。第一点详见下引新乐府李夫人篇所引旧唐书宪宗懿安皇后郭氏传。第二点详见新乐府海茫茫篇所引杜阳杂编。兹不多赘。又连昌宫词引新旧唐书谓元微之由宦者崔潭峻采进连昌宫词，穆宗乃大悦，遂召入翰林。连昌宫词有二特点，即销兵、望幸两事，最可迎合穆宗

◎ 长恨歌图（局部17）日本 狩野山雪 绘

及宦寺之心意。呜呼，微之与乐天，邪正区别，当时及后世固有定品，岂知俱借连昌宫词、长恨歌两诗中有合于人主及宦寺之心意而得为翰林学士耶？乐天之由周至尉得召入为翰林学士一重公案，至今似尚无道及者，遂发其覆，附论之于此，以俟通人之教正。

琵琶引

唐摭言卷十五杂记条云：

白乐天去世，大中皇帝以诗吊之曰，缀玉联珠六十年。谁教冥路作诗仙。浮云不系名居易，造化无为字乐天。童子解吟长恨曲，胡儿能唱琵琶篇。文章已满行人耳，一度思卿一怆然。

寅恪案：此诗是否真为宣宗所作，姑不置论。然乐天之长恨歌琵琶引两诗相提并论，其来已久，据此可知也。故兹笺证长恨歌讫，乃次及琵琶引焉。

寅恪于论长恨歌篇时，曾标举文人之关系一目。其大旨以

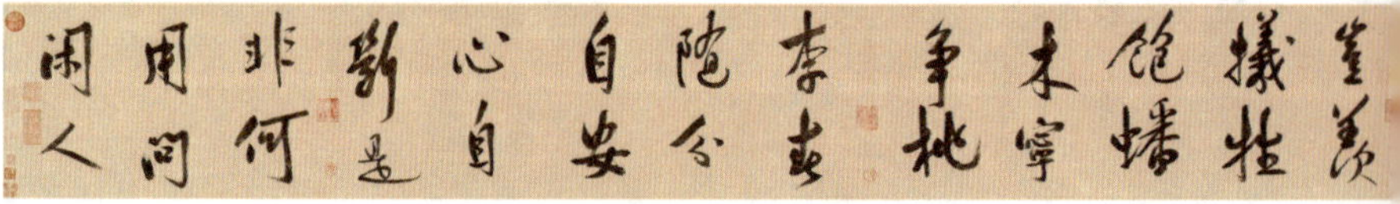

◎ 行书白居易自咏诗 宋高宗 赵构

为乐天当日之文雄诗杰，各出其作品互事观摩，各竭其才智竞求超胜。故今世之治文学史者，必就同一性质题目之作品，考定其作成之年代，于同中求异，异中见同，为一比较分析之研究，而后文学演化之迹象，与夫文人才学之高下，始得明了。否则模糊影响，任意批评，恐终不能有真知灼见也。今请仍以比较之研究论乐天之琵琶引。

张戒岁寒堂诗话上云：

长恨歌元和元年（乐天）尉周至时作，是时年三十五。谪江州，十一年作琵琶行。二诗工拙远不侔矣。如琵琶行，虽未免于烦悉，然其语意甚当，后来作者，未易超越也。

寅恪案：乐天于长庆末年所作，编集拙诗成一十五卷因题卷末戏赠元九李二十。七律（白氏长庆集卷十六）中，自述其平生得意之诗，首举长恨歌而不及琵琶引。若据以谓乐天不自以琵琶引为佳，固属不可。然乐天心中绝不以长恨歌为拙，而琵琶引为较工，则断断可知。此张氏琵琶引工于长恨歌之论，不可依据者也。然张氏谓琵琶引“语意甚当，后来作者，未易超

越”，其言甚允。盖乐天之作此诗，亦已依其同时才士，即元微之，所作同一性质题目之诗，即琵琶歌，加以改进。今取两诗比较分析，其因袭变革之词句及意旨，固历历可睹也。后来作者能否超越，所不敢知，而乐天当日实已超越微之所作，要为无可疑者。至乐天诗中疑滞之字句，不易解释，或莫知适从者，亦可因比较研究，而取决一是。斯又此种研究方法之副收获品矣。兹先考定微之作品年代，然后诠论乐天之诗。元氏长庆集卷二十六琵琶歌（原注云：寄管儿兼诲铁山。）云：

去年御史留东台。公私蹙促颜不开。今春制狱正撩乱，昼夜推囚心似灰。

寅恪案：旧唐书卷十四宪宗纪上（参同书卷一百六十六元稹传。）云：

（元和五年二月）东台监察御史元稹摄河南尹房式于台，擅令停务。贬江陵府士曹参军。

同书卷一百六十六元稹传略云：

（元和）四年，奉使东蜀。使还，令分务东台。

微之此诗既有去年东台及今春制狱之句，明琵琶歌作于元和五年也。又依白氏长庆集卷十二琵琶引序云：

元和十年予左迁九江郡司马。明年秋，送客湓浦口。

是乐天琵琶引作于元和十一年。元作先而白作后，此乐天所以得见元作，而就同一性质题目，加以改进也。

以作诗意旨言之，两诗虽同赞琵琶之绝艺，且同为居贬谪闲散之地所作，然元诗云：

我为含凄叹奇绝。许作长歌始终说。艺奇思寡尘事多。许来寒暑又经过。如今左降在闲处，始为管儿歌此歌。歌此歌，寄管儿，管儿管儿忧尔衰。尔衰之后继者谁。继之无乃在铁山。铁山已近曹穆间。性灵甚好功犹浅，急处未得臻幽闲。努力铁山勤学取。莫遣后来无所祖。

则微之盛赞管儿之绝艺，复勉铁山以精进，似以一题而兼二旨。虽二旨亦可相关，但终不免有一间之隔。故不及乐天之一题一意之明白晓畅也。此点当于研究两家所作新题乐府时详论之。又微之诗中所说，不过久许管儿作一诗，以事冗未暇，及谪官得闲，乃偿宿诺，其旨似嫌庸浅，而白诗云：

我闻琵琶已叹息，又闻此语重唧唧。同是天涯沦落人，相逢何必曾相识。

则既专为此长安故倡女感今伤昔而作，又连绾己身迁谪失路之怀。直将混合作此诗之人与此诗所咏之人，二者为一体。真可谓能所双亡，主宾俱化，专一而更专一，感慨复加感慨。岂微之浮泛之作，所能企及者乎？琵琶引序云：

予出官二年，恬然自安。感斯人言，是夕始觉有迁谪意。因为长句，歌以赠之。

是乐天此诗自抒其迁谪之怀，乃有真实情感之作。与微之之仅践宿诺，偿文债者，大有不同。其工拙之殊绝，复何足怪哉。

复次，乐天晚岁之诗友刘梦得，亦有泰娘歌一篇（刘梦得文集卷九）。其引略云：

泰娘本韦尚书（夏卿）家主讴者。初尚书为吴郡得之，命乐工诲之琵琶，使之歌舞。无几何，尽得其术。居一二岁，携之以归京师。京师多新声善工，于是又（损）（捐）去故技，以新声度曲，而泰娘名字往往见称于贵游之间。元和初，尚书薨于东京，泰娘出居民间。久之，为蕲州刺史张愻所得。其后愻坐事谪居武陵郡（朗州）卒。泰娘无所归。地荒且远，无有能知其容与艺者。雒客闻之，为歌其事。

则泰娘事颇与乐天所咏者相类。而诗云：

朱弦已绝为知音，云鬓未秋私自惜。举目风烟非旧时。梦寻归路多参差。

乃以遗妾比逐臣，其意境尤与白诗“同是天涯沦落人，相逢何必曾相识”之句近似。惟刘诗多述泰娘遭遇之经过，虽甚称其绝艺，而不详写琵琶之音调。此则与元之琵琶歌白之琵琶引不同者。且刘诗特以简炼胜，亦可据见也。刘诗固为佳作，读琵琶引者，不可不参读。所成为问题者，乃乐天于作琵琶引以前，曾见梦得泰娘歌与否耳。考梦得此诗为任朗州司马时（刘梦得于永贞元年十一月己卯贬朗州司马。至元和十年二月召至京师。三月，以为连州刺史。）即元和十年二月以前所作。而梦得于元和十年春，曾与柳子厚元微之诸逐客，同由贬所召至长安。时乐天为左赞善大夫，亦在京师。（参旧唐书卷一百六十新唐书卷一百六十八刘禹锡传，通鉴卷二百三十九唐纪宪宗纪元和十年二月王叔文之党坐谪官者十年不量移条及下连昌宫词章。）固有得见此诗之可能。惟刘白二公晚岁虽至亲密，而此时却未见有交际往复之迹象，且二诗之遣词亦绝不相似。然则二公之借题自咏，止可视为各别发展，互不相谋者。盖二公以谪吏逐臣，咏离妇遗妾。其事既相近，宜乎于造意感慨有所冥会也。是知白之琵琶引与刘之泰娘歌，其关系殆非如其与元之琵琶歌实有密切联系者可比矣。

又李公垂悲善才一诗（全唐诗第十八函李绅一）亦与元白二公之琵琶歌琵琶引性质类似。其诗中叙述国事己身变迁之故。抚今追昔，不胜惆怅。取与微之所作相较，自为优越。但若与乐天之作参互并读，则李诗未能人我双亡，其意境似嫌稍逊。又考公垂此诗有：

南谯寂寞三春晚。（南谯即滁州之旧称。可参通典卷一百八十一州郡典古扬州上滁州永阳郡条。）

之句，当是任滁州刺史时所作。公垂于元和十五年闰正月，自山南幕召为右拾遗充翰林学士。（参新唐书卷一百八十一李绅传及翰苑题名。）其年冬，乐天亦自忠州召还，拜司门员外郎，转主客郎中，知制诰。二公同在长安者，约历二年之久。此后公垂于长庆四年二月流贬端州，至宝历元年四月量移江州长史。（参旧唐书卷十七上敬宗纪及卷一百五十九韦处厚传等。）复迁滁州刺史，于大和四年二月转寿州刺史。（参全唐诗第十八函李绅一转寿春守七律。）则悲善才一诗作成之时间，远在琵琶引以后。且其间李公垂似已因缘窥见乐天之诗，而所作犹未能超越。然后知乐天所谓，“苦教短李伏歌行”及“李二十常自负歌行，近见吾乐府五十首，默然心伏”者，（参长恨歌章。）之非虚语，而元和时代同时诗人，如白乐天之心伏刘梦得，（见附论戊白乐天与刘梦得之诗。）及李公垂之心伏白乐天，皆文雄诗杰，历尽甘苦，深通彼己之所致。后之读者所涉至浅，既不能解，乃妄为品第，何其谬耶！古今读此诗者众矣，虽所得浅深，各有不同，而于诗中所叙情事，多无疑及之者。惟南宋之洪迈，博学通识之君子也。其人读乐天诗至熟，观所著容斋随笔论白诗诸条，可以为证。其涉及此诗而致疑于实无其事，乐天借词以抒其天涯沦落之感者，凡二条。兹迻写于下，并附鄙见以辨释之。

容斋三笔卷六白公夜闻歌者条云：

白乐天琵琶行，盖在浔阳江上为商人妇所作。而商乃买茶于浮梁，妇对客奏曲，乐天移船，夜登其舟与饮，了无顾忌。岂非以其为长安故倡女，不以为嫌耶？集中又有一篇题云，夜闻歌者。（寅恪案，在白氏长庆集卷十。）时自京城谪寻阳，宿于鄂州，又在琵琶行之前。其词曰，夜泊鹦鹉洲，秋江月澄澈。邻船有歌者，发调堪悲绝。歌罢继以泣，泣声通复咽。寻声见其人，有妇颜如云。独依帆樯立，娉婷十七八。夜泪似真珠，双双堕明月。借问谁家妇，歌泣何凄切。一问一沾襟，低眉终不说。陈鸿长恨歌传云，乐天深于诗，多于情者也。故所遇必寄之吟咏，非有意于渔色。然鄂州所见亦一女子独处，夫不在焉。瓜田李下之疑，唐人不议也。今诗人罕谈此章，聊复表出。

又容斋五笔卷七琵琶行海棠诗条云：

白乐天琵琶行一篇，读者但羡其风致，敬其词章，至形于乐府，咏歌之不足，遂以谓真为长安故倡所作。予窃疑之。唐世法网虽于此为宽，然乐天尝居禁密，且谪宦未久，必不肯乘夜入独处妇人船中，相从饮酒，至于极丝弹之乐，中夕方去。岂不虞商人者，它日议其后乎？乐天之意，直欲摅写天涯沦落之恨尔。东坡谪黄州，赋定惠院海棠诗，有“陋邦何处得此花，无乃好事移西蜀。天涯流落俱可念，为饮一尊歌此曲”之句，其意亦尔也。或谓殊无一话一言，与之相似。是不然，此真能用乐天之意者，何必效常人章摹句写而后已哉。

寅恪案：容斋之论，有两点可商。一为文字叙述问题，一为唐代风俗问题。洪氏谓“乐天夜登其舟与饮，了无顾忌”及“乘夜入独处妇人船中，相从饮酒，至于极丝弹之乐，中夕方去”，然诗云：

移船相近邀相见，添酒回灯重开宴。千呼万唤始出来，犹抱琵琶半遮面。

则“移船相近邀相见”之“船”，乃“主人下马客在船”之“船”，非“去来江口守空船”之“船”。盖江州司马移其客之船，以就浮梁茶商外妇之船，而邀此长安故倡从其所乘之船出来，进入江州司马所送客之船中，故能添酒重宴。否则江口茶商外妇之空船中，恐无如此预设之盛筵也。且乐天诗中亦未言及其何时从商妇船中出去，洪氏何故臆加“中夕方去”之语？盖其意以为乐天贤者，既夜入商妇船中，若不中夕出去，岂非此夕径留止于其中耶？读此诗而作此解，未免可惊可笑。此文字叙述问题也。夫此诗所叙情事，既不如洪氏之诠解，则洪氏抵触法禁之疑问可以消释，即本无其事之假设，亦为赘剩矣。然容斋所论礼法问题，实涉及吾国社会风俗古今不同之大限，故不能不置一言。考吾国社会风习，如关于男女礼法等问题，唐宋两代实有不同。此可取今日日本为例，盖日本往日虽曾效则中国无所不至，如其近世之于德国及最近之于美国者然。但其所受影响最深者，多为华夏唐代之文化。故其社会风俗，与中国今日社会风气经受宋以后文化之影响者，自有差别。斯事显浅易见，不待详论也。惟其关于乐天此诗者有二事可以注意：一即此茶商之娶此长安故倡，特不过一寻常之外妇。其关系本在可离可合之间，以今日通行语言之，直“同居”而已。元微之于莺莺传极夸其自身始乱终弃之事，而不以为惭疚。其友朋亦视其为当然，而不非议。此即唐代当时士大夫风习，极轻贱社会阶级低下之女子。视其去留离合，所关至小之证。是知乐天之于此故倡，茶商之于此外妇，皆当日社会舆论所视为无足重轻，不必顾忌者也。此点已于拙著读莺莺传

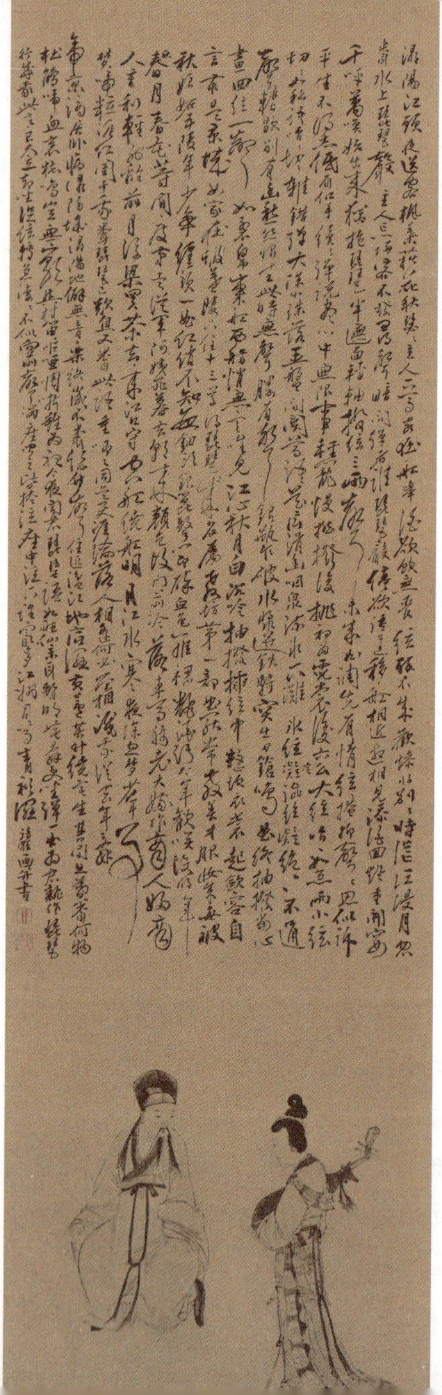

◎ 琵琶行图轴 明 郭诩
北京故宫博物院藏

文中论及之矣。二即唐代自高宗武则天以后，由文词科举进身之新兴阶级，大抵放荡而不拘守礼法，与山东旧日士族甚异。寅恪于拙著唐代政治史述论稿中篇论党派分野时已言之。乐天亦此新兴阶级之一人，其所为如此，固不足怪也。其详当别于论乐天之先世时更述之。

序云：

凡六百一十二言。

卢校本作六百一十六言。注云：

二讹。

寅恪案：卢抱经之勘校甚是。惟诸本皆作六百一十二言，故为标出之。

诗云：

间关莺语花底滑，幽咽泉流冰下难。

寅恪案：汪本及全唐诗本俱作“幽咽泉流水下滩”而于水字下注云：“一作冰。”滩字下注云：“一作难。”卢校本作“水下难”，于难字下注滩字。那波本作“冰下滩”。

段玉裁经韵楼集卷八与阮芸台书云：

白乐天“间关莺语花底滑，幽咽泉流水下滩”。泉流水下滩不成语，且何以与上句属对？昔年曾谓当作“泉流冰下难”，故下文接以冰泉冷涩。难与滑对，难者，滑之反也。莺语花底，泉流冰下，形容涩滑二境，可谓工绝。

其说甚是。今请更申证其义。

一与本集互证。白氏长庆集卷六十四筝云：

霜佩锵还委，冰泉咽复通。

正与琵琶引此句章法文字意义均同也。

二与与此诗有关之微之诗互证。元氏长庆集卷二十六琵琶歌中词句与乐天此诗同者多矣。如“霓裳羽衣偏宛转”“六么散序多笼捻”“断弦砉騞层冰裂”诸句，皆是其例。惟其中：

冰泉鸣咽流莺涩。（可参元氏长庆集卷十七赠李十二牡丹花片因以饯行七绝，“莺涩余声絮堕风”之句。）

一句实为乐天“间关莺语花底滑，幽咽泉流冰下难”二句演变扩充之所从来。取元诗以校白句，段氏之说，其正确可以无疑。然则读乐天琵琶引，不可不并读微之琵琶歌，其故不仅在两诗意旨之因革，可借以窥见。且其字句之校勘，亦可取决一是也。

又微之诗作“流莺涩”，而乐天诗作“间关莺语花底滑”者，盖白公既扩一而成二句，若仍作涩，未免两句同说一端，殊嫌重复。白诗以滑与难反对为文，自较元作更精进矣。

又元氏长庆集卷二十六何满子歌（原注云：张湖南座为唐有熊作。）略云：

我来湖外拜君侯，正值灰飞仲春管。缠绵迭破最殷勤，整顿衣裳颇闲散。冰含远溜咽还通，莺泥晚花啼渐懒。

又同集卷十八卢头陀诗序云：

元和九年，张中丞领潭之岁，予拜张公于潭。

旧唐书卷十五宪宗纪下云：

（元和八年冬十月己巳）以苏州刺史张正甫为湖南观察使。

据此，微之何满子歌作于元和九年春，而乐天琵琶引作于元和十一年秋，是乐天必已见及微之此诗。然则其扩琵琶歌“冰泉鸣咽流莺涩”之一句为琵琶引“间关莺语花底滑，幽咽泉流冰下难。”之二句，盖亦受微之诗影响。而乐天筝诗之

“冰泉咽复通”乃作于大和七年。在其后，不必论矣。

复次，元氏长庆集卷二十四新题乐府五弦弹云：

风入春松正凌乱，莺含晓舌怜娇妙。呜呜暗溜咽冰泉，杀杀霜刀涩寒鞘。

白氏长庆集卷二秦中吟五弦云：

大声麤若散，飒飒风和雨。小声细欲绝，切切鬼神语。

同集卷三新乐府五弦弹云：

第五弦声最掩抑，陇水冻咽流不得。（李公垂悲善才，寒泉注射陇水开。句，可与此参证。）五弦并奏君试听，凄凄切切复铮铮。铁击珊瑚一两曲，冰写玉盘千万声。杀声入耳肤血惨，寒气中人肌骨酸。曲终声尽欲半日，四座相对愁无言。座中有一远方士，唧唧咨咨声不已。

寅恪案：元白新乐府此两篇皆作于元和四年，（见新乐府章。）白氏秦中吟亦是乐天于任谏官即左拾遗时所作，（见白氏长庆集卷一伤唐衢二首之二。）俱在乐天作琵琶引以前，亦可供乐天琵琶引中摹写琵琶音调一节之参考者也。

诗云：

此时无声胜有声。

唐诗别裁卷八选录此诗，并论此句云：

诸本“此时无声胜有声”，既无声矣，下二句如何接出。宋本无声复有声，谓住而又弹也。古本可贵如此。

寅恪案：诗中“此时无声胜有声”句上有“冰泉冷涩弦疑绝。疑绝不通声暂歇”之语。夫既曰“声暂歇”，即是“无声”也。声暂歇之后，忽起“银瓶乍破”“铁骑突出”之声，何为不可接出？沈氏之疑滞，诚所不解。且遍考今存白集诸善本，未见有作“此时无声复有声”者，不知沈氏所见是何古本，深可疑也。

诗云：

自言本是京城女，家在虾蟆陵下住。

国史补下略云：

旧说，董仲舒墓，门人过，皆下马。故谓之下马陵。后人语讹为虾蟆陵，皆讹谬所习。亦曰坊中语也。

寅恪案：乐天此节所咏乃长安故倡自述之言，宜其用坊中语也。又同书同卷略云：

酒（之名品），则有京城之西市腔虾蟆陵郎官清阿婆清。

此长安故倡，其幼年家居虾蟆陵，似本为酒家女。又自汉以来，旅居华夏之中亚胡人，颇以善酿著称，而吾国中古杰出之乐工亦多为西域胡种。则此长安故倡，既居名酒之产区，复具琵琶之绝艺，岂即所谓“酒家胡”者耶？

又乐府杂录上琵琶条略云：“贞元中有王芬，曹保保，其子善才，其孙曹纲，皆袭所艺，次有裴兴奴，与纲同时。曹纲善运拨，若风雨，而不事叩弦。兴奴长于拢捻，不拨，稍软。时人谓曹纲有右手，兴奴有左手。”故后世剧曲中或以裴兴奴当此长安故倡女。裴固西域胡姓，“奴”字亦可为女子之名，如元微之连昌宫词中之念奴是。但男子亦可以奴字为名，如白乐天之幼弟“金刚奴”是。然则裴兴奴不必是女子也。剧曲家之说，未知所本，恐不可据。俟考。

诗云：

妆成每被秋娘妒。

寅恪案：元氏长庆集卷十七赠吕三（寅恪案：元氏长庆集卷十六全唐诗第十五函元稹十六酬哥舒大少府寄同年科第诗自注俱作“吕二炅”。复证以下引乐天诗题，则三当为二之误。）校书云：

竞添钱贯定秋娘。

白氏长庆集壹肆和元九与吕二同宿话旧感赠云：

闻道秋娘犹且在，至今时复问微之。

又韦縠才调集卷一载乐天江南喜逢萧九彻因话长安旧游戏赠五十韵云：

多情推阿软，巧语许秋娘。

即此琵琶引中之秋娘，盖当时长安负盛名之倡女也。乐天天涯沦落，感念昔游，遂取以入诗耳。而坊本释此诗，乃以杜秋娘当之，妄谬极矣。（杜秋娘始末，可参杜牧樊川集卷一杜秋娘诗并序。）

诗云：

商人重利轻别离，前月浮梁买茶去。

◎ 仇英人物故事图 浔阳琵琶 明 仇英 台北故宫博物院藏

寅恪案：据元和郡县图志卷二十八江西观察使饶州浮梁县条云：

每岁出茶七百万驮，税十五余万贯。

国史补下略云：

风俗贵茶，茶之名品益众，而浮梁之商货不在焉。

则知此商人所以往浮梁之故。盖浮梁之茶，虽非名品，而其产量极丰也。

诗之结语云：

江州司马青衫湿。

寅恪案：此句为世人习诵，已为一口头语矣。然一考唐代文献，则不免致疑。元和郡县图志卷二十八江西观察使江州条云：

江州，上。（寅恪案，新唐书卷四十一地理志云，江州浔阳郡，上。与此同。旧唐书卷四十地理志云，江州，中。与此异。据白氏长庆集卷二十六江州司马厅记云，上州司马，秩五品。知元和时江州实为上州。旧志所记，盖旧制也。）

盖江州乃上州也。唐六典卷三十上州条（旧唐书卷四十二职官志新唐书卷四十九下百官志同。）云：

上州，司马一人，从五品下。

旧唐书卷四十五舆服志（参唐会要卷三十一章服品第目，新唐书卷二十四舆服志。）略云：

上元元年，八月，又制文武三品已上服紫，四品服深绯，五品服浅绯，六品服深绿，七品服浅绿，八品服深青，九品服浅青。

唐六典卷四礼部郎中员外郎条略云：

亲王三品已上二王后服用紫，五品已上服用朱，七品已上服用绿，九品已上服用青，流外庶人服用黄。

然则乐天此时适任江州上州司马之职，何以不着绯而着青衫耶？钱竹汀十驾斋养新录卷十唐人服色视散官条云：

野客丛书（二十七）云，唐制服色不视职事官，而视阶官之品。至朝散大夫方换五品服色，衣银绯。（寅恪案，此说甚是。可参尚书故实公自言四世祖河东公为中书令着绯条及唐会要卷三十一内外官章服目。）

唐制服色既视阶官之品，考白氏长庆集卷二十三祭匡山文云：

维元和十二年岁次丁酉二月辛酉朔二十一日，将仕郎守江州司马白居易。

是元和十二年乐天之散官为将仕郎，而据旧唐书卷四十二职官志（通典卷四十职官典同。）云：

从第九品下阶将仕郎。（文散官。）

是将仕郎为最低级之文散官。乐天于元和十一年秋作此诗时，其散官之品亦必为将仕郎无疑，盖无从更低于此品也。唐会要卷三十一内外官章服目云：

开元八年二月二十日勅，都督刺史品卑者，借绯及鱼袋，永为常式。

乐天此时止为州佐，固唯应依将仕郎之阶品着青衫也。（见校补记九。）

【校补记九】

（段后加：）抑更有可论者，唐代文人自珍惜其作品，不令其遗佚，莫甚于白乐天。白香山集卷六十一苏州南禅院白氏文集记略云：

有文集七帙，合六十七卷，凡三千四百八十七首。其集家藏之外，别录三本，一本置于东都圣善寺钵塔院律库中，一本寘于庐山东林寺经藏中，一本寘于苏州南禅院千佛堂内，愿以今生世俗文字，放言绮语之因，转为将来世世赞佛乘转法轮之缘也。开成四年二月二日乐天记。

可以为证。朱彝尊曝书亭集卷三十六重刊白香山诗集序云：

诗家好名，未有甚于唐白传者，既属其友元微之排缵长庆集矣，而又自编后集，为之序，后为之记。既以集本付其从子外孙，而又分贮于东林南禅圣善香山诸寺，比之于杜元凯岘山碑尤汲汲焉。

旧唐书卷一百六十六白居易传略云：

（元和）十年七月，盗杀宰相武元衡，居易首上疏论其冤，急请捕贼，以雪国耻。宰相以宫官（寅恪案，时乐天任太子左赞善大夫职事。）非谏职，不当先谏官言事。奏贬为江表刺史。诏出，中书舍人王涯上疏论之，言居易所犯状迹，不宜治郡，追诏授江州司马。

旧史之说，寅恪甚以为可疑。盖此疏乃关系乐天出处之重要文字，乐天既珍惜己身文字如上所引，则今流传之白氏文集中不见此疏，已甚可怪。且宫官何以不能先谏官言事，唐代似尚未发现此例。然则乐天此疏，必为宰相所憎恶，及与当时政府主要政策，即用兵淮蔡一端有关，可以推知。若所揣测不误，此疏当是乐天故意删去，不使流传于世耳。至白香山集卷二十七与杨虞卿书所言贬江州之理由，乃旧史所根据者，然即如与杨虞卿书所言，亦应载其原疏，何以删去不存耶。又琵琶引述琵琶女之不得已而嫁作商人妇，实由“弟走从军阿姨死”。此弟之从军应是与用兵淮蔡有关。据是而言，两人之流落天涯皆是用兵淮蔡之结果。约略计此琵琶女嫁作商人妇之时间，与乐天贬谪江州之时间相合，或相距甚近也。若此解释不误，则“同是天涯沦落人”一句，其所感恨甚深，其心情之痛苦，尤可想见。洪容斋取琵琶引与苏东坡定惠院海棠诗为同类，谓不过寻常摅写天涯沦落之恨者，则不仅不符事实，而所见尤肤浅矣。

韦庄秦妇吟校笺

中和癸卯春三月，洛阳城外花如雪。
东西南北路人绝，绿杨悄悄香尘灭。
路旁忽见如花人，独向绿杨阴下歇。
凤侧鸾欹鬓脚斜，红攒黛敛眉心折。
借问女郎何处来，含颦欲语声先咽。
回头敛袂谢行人，丧乱漂沦何堪说。
三年陷贼留秦地，依稀记得秦中事。
君能为妾解金鞍，妾亦与君停玉趾。
前年庚子腊月五，正闭金笼教鹦鹉。
斜开鸾镜懒梳头，闲凭雕栏慵不语。
忽看门外起红尘，已见街中擂金鼓。
居人走出半仓皇，朝士归来尚疑误。
是时西面官军入，拟向潼关为警急。
皆言博野自相持，尽道贼军来未及。
须臾主父乘奔至，下马入门痴似醉。

适逢紫盖去蒙尘，已见白旗来匝地。
扶羸携幼竞相呼，上屋缘墙不知次。
南邻走入北邻藏，东邻走向西邻避。
北邻诸妇咸相凑，户外崩腾如走兽。
轰轰昆昆乾坤动，万马雷声从地涌。
火迸金星上九天，十二官街烟烘焖。
日轮西下寒光白，上帝无言空脉脉。
阴云晕气若重围，宦者流星如血色。
紫气潜随帝座移，妖光暗射台星坼。
家家流血如泉沸，处处冤声声动地。
舞伎歌姬尽暗捐，婴儿稚女皆生弃。
东邻有女眉新画，倾国倾城不知价。
长戈拥得上戎车，回首香闺泪盈把。
旋抽金线学缝旗，才上雕鞍教走马。
有时马上见良人，不敢回眸空泪下。
西邻有女真仙子，一寸横波翦秋水。
妆成只对镜中春，年幼不知门外事。
一夫跳跃上金阶，斜袒半肩欲相耻。
牵衣不肯出朱门，红粉香脂刀下死。
南邻有女不记姓，昨日良媒新纳聘。
琉璃阶上不闻行，翡翠帘间空见影。
忽看庭际刀刃鸣，身首支离在俄顷。

仰天掩面哭一声，女弟女兄同入井。
北邻少妇行相促，旋解云鬟拭眉绿。
已闻击托坏高门，不觉攀缘上重屋。
须臾四面火光来，欲下回梯梯又摧。
烟中大叫犹求救，梁上悬尸已作灰。
妾身幸得全刀锯，不敢踟躇久回顾。
旋梳蝉鬓逐军行，强展蛾眉出门去。
旧里从兹不得归，六亲自此无寻处。
一从陷贼经三载，终日惊忧心胆碎。
夜卧千重剑戟围，朝餐一味人肝脍。
鸳帏纵入岂成欢，宝货虽多非所爱。
蓬头面垢猳眉赤，几转横波看不得。
衣裳颠倒言语异，面上夸功雕作字。
柏台多士尽狐精，兰省诸郎皆鼠魅。
还将短发戴华簪，不脱朝衣缠绣被。
翻持象笏作三公，倒佩金鱼为两史。
朝闻奏对入朝堂，暮见喧呼来酒市。
一朝五鼓人惊起，叫啸喧争如窃议。
夜来探马入皇城，昨日官军收赤水。
赤水去城一百里，朝若来兮暮应至。
凶徒马上暗吞声，女伴闺中潜失喜。
皆言冤愤此时销，必谓妖徒今日死。

逡巡走马传声急，又道官军全阵入。
大彭小彭相顾忧，二郎四郎抱鞍泣。
沉沉数日无消息，必谓军前已衔璧。
簸旗掉剑却来归，又道官军悉败绩。
四面从兹多厄束，一斗黄金一升粟。
尚让厨中食木皮，黄巢机上刲人肉。
东南断绝无粮道，沟壑渐平人渐少。
六军门外倚僵尸，七架营中填饿殍。
长安寂寂今何有，废市荒街麦苗秀。
采樵砍尽杏园花，修寨诛残御沟柳。
华轩绣毂皆销散，甲第朱门无一半。
含元殿上狐兔行，花萼楼前荆棘满。
昔时繁盛皆埋没，举目凄凉无故物。
内库烧为锦绣灰，天街踏尽公卿骨。
来时晓出城东陌，城外风烟如塞色。
路旁时见游奕军，坡下寂无迎送客。
霸陵东望人烟绝，树锁骊山金翠灭。
大道俱成棘子林，行人夜宿墙匡月。
明朝晓至三峰路，百万人家无一户。
破落田园但有蒿，摧残竹树皆无主。
路旁试问金天神，金天无语愁于人。
庙前古柏有残枿，殿上金炉生暗尘。

一从狂寇陷中国，天地晦冥风雨黑。
案前神水咒不成，壁上阴兵驱不得。
闲日徒歆奠飨恩，危时不助神通力。
我今愧恧拙为神，且向山中深避匿。
寰中箫管不曾闻，筵上牺牲无处觅。
旋教魇鬼傍乡村，诛剥生灵过朝夕。
妾闻此语愁更愁，天遣时灾非自由。
神在山中犹避难，何须责望东诸侯。
前年又出杨震关，举头云际见荆山。
如从地府到人间，顿觉时清天地闲。
陕州主帅忠且贞，不动干戈惟守城。
蒲津主帅能戢兵，千里晏然无犬声。
朝携宝货无人问，暮插金钗唯独行。
明朝又过新安东，路上乞浆逢一翁。
苍苍面带苔藓色，隐隐身藏蓬荻中。
问翁本是何乡曲，底事寒天霜露宿。
老翁暂起欲陈词，却坐支颐仰天哭。
乡园本贯东畿县，岁岁耕桑临近甸。
岁种良田二百廛，年输户税三千万。
小姑惯织褐绝袍，中妇能炊红黍饭。
千间仓兮万丝箱，黄巢过后犹残半。
自从洛下屯师旅，日夜巡兵入村坞。

匣中秋水拔青蛇，旗上高风吹白虎。
入门下马若旋风，罄室倾囊如卷土。
家财既尽骨肉离，今日垂年一身苦。
一身苦兮何足嗟，山中更有千万家。
朝饥山上寻蓬子，夜宿霜中卧荻花。
妾闻此父伤心语，竟日阑干泪如雨。
出门惟见乱枭鸣，更欲东奔何处所。
仍闻汴路舟车绝，又道彭门自相杀。
野色徒销战士魂，河津半是冤人血。
适闻有客金陵至，见说江南风景异。
自从大寇犯中原，戎马不曾生四鄙。
诛锄窃盗若神功，惠爱生灵如赤子。
城壕固护教金汤，赋税如云送军垒。
奈何四海尽滔滔，湛然一镜平如砥。
避难徒为阙下人，怀安却羡江南鬼。
愿君举棹东复东，咏此长歌献相公。

秦妇吟一卷

天复五年乙丑岁十二月十五日敦煌郡金光明寺学仕张龟写

戊辰之春，俞铭衡君为寅恪写韦端己秦妇吟卷子，张于屋壁。八年以来，课业余暇，偶一讽咏，辄若不解，虽于一二

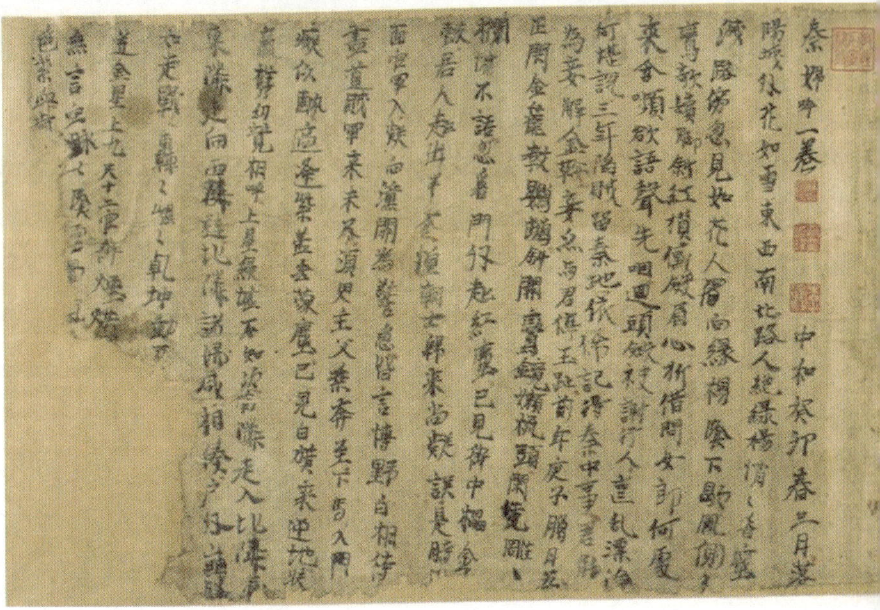

◎ 敦煌《秦妇吟》写本残片

字句稍有所校释，然皆琐细无关宏旨。独端己此诗所述从长安至洛阳及从洛阳东奔之路程，本写当日人民避难之惨状，而其晚年所以讳言此诗之由，实系于诗中所述从长安达洛阳一段经过。此点为近日论此诗者所未详，遂不自量，欲有所妄说。至诗中字句之甚不可解及时贤之说之殊可疑者，亦略申鄙见，附缀于后。兹请先言从洛阳东奔之路程。此段经过惜未得确知，是以于端己南游事迹不能有所考见。但依地理系统以为推证，亦有裨于明了当日徐淮军事之情势及诗中文句之校释也。

（甲）从洛阳东奔之路程

诗云：

出门惟见乱枭鸣，更欲东奔何处所。仍闻汴路舟车绝，又道彭门自相杀。野色徒销战士魂，河津半是冤人血。适闻有客金陵至，见说江南风景异。

王国维氏校本（北京大学国学季刊第一卷第四期。）云：汴路一作洛下。罗振玉氏校本（敦煌零拾。）汴路作汴洛。周云青君秦妇吟笺注云：

汴洛谓河南开封至洛阳也。

寅恪案，元和郡县图志卷九徐州条云：

按自隋氏凿汴以来，彭城南控埇桥，（在宿县北二十里，一名符离桥，亦名永济桥，跨汴水。舆地记："徐州南控埇桥，以扼汴路，故其镇尤重。"唐于其地置盐铁院。建中二年，淄青帅李正己拒命，屯兵埇桥。元和四年，议者以埇桥当舟车之会，因置宿州以镇之。）以扼汴路，故其镇尤重。

同书同卷宿州条略云：

其地南临汴河有埇桥，为舳舻之会。

白氏长庆集卷四十四杭州刺史谢上表云：

属汴路未通，取襄汉路赴任。

据此，汴路乃当时习用之名词，不可改为汴洛，亦不得释为开封至洛阳明矣。

李文公集卷十八来南录云：

元和三年十月翱既受岭南尚书公之命。四年正月己丑自旌善弟（第）以妻子上船于漕。（元和四年正月）乙未去东都，韩退之石浚川假舟送予。明日及故洛东，吊孟东野，遂以东野行。浚川以妻疾自漕口先归。黄昏，到景云山居，诘朝，登上方，南望嵩山，题姓名记别。既食，韩孟别予西归。戊戌，余病寒，饮葱酒以解表。暮宿于巩。庚子出洛下河，止汴梁口，遂泛汴流，通河于淮。辛丑及河阴，乙巳次汴州，疾又加，召医察脉，使人入卢又。二月丁未朔，宿陈留。庄人自卢又来，宿雍丘。（二月）乙酉次宋州。疾渐瘳。壬子至永城。甲寅至埇口，丙辰次泗州，见刺史，假舟转淮上河如扬州。庚申下汴渠入淮，风帆，及盱眙，风逆，天黑色，波水激，顺潮入新浦。壬戌至楚州，丁卯至扬州，戊辰上栖灵浮图。辛未济大江至润州。

又同书同卷题桄榔亭云：

翱与监察御史韦君词皆自东京如岭南，翱以（元和四年）正月十八日上舟于漕以行。韦君期以二月策马疾驱，追我于汴宋之郊。或不能及，约自宣州会我于常州以偕行。

元和郡县图志卷九徐州条云：

今为徐泗节度使理所。

西至东都一千二百二里。

南取埇桥路至宣州五百里。

又同书卷二十五润州条云：

今为浙西观察使理所。

西北至东都一千八百一十里。

北渡江至扬州七十里。

正南微西至宣州四百里。

又同书卷二十八宣州条云：

> 今为宣歙观察使理所。
>
> 西北至东都取和滁路二千一百五十里。
>
> 正北微东至润州四百里。
>
> 宣城县。（郭下。）当涂县。牛渚山，在县北三十五里，突出江中，谓之牛渚圻，津渡处也。采石戍，在县西北三十五里，西接乌江，北连建业城，在牛渚山上，与和州横江渡相对。

据此，知李翱南行自身由扬州渡江至润州，而约韦词由和州渡江至宣州，盖二涂皆经埇桥，即李吉甫白居易及秦妇吟所谓汴路，亦即端己吊侯补阙诗句注（浣花集卷四。）所谓汴宋路也。端己有道当涂县五律一首。（浣花集卷四。）夏承焘君韦端己年谱（词学季刊第一卷第四号。）列之中和三年南游作中，曲滢生君韦庄年谱则疑此诗为光启二年西游所作。又谓此诗或有为初次东来时作之可能。然皆未详言其故。鄙见此诗若果为端己中和三年春间之作，则是由汴路南行，复取和滁路渡江也。但此诗语意太泛，不易证明。故由何处渡江一点可不必多作揣测之论。至汴路则秦妇吟中虽言其艰阻，而端己之南投周宝，或仍由此路。盖白乐天长庆二年赴杭州刺史任，所取之襄汉路迂回太甚。又浣花集中未能确切发现其中和三年春襄汉之行踪也。姑存此疑，以俟考定。（浣花集卷三新正日商南道中作寄李明府一首，夏君

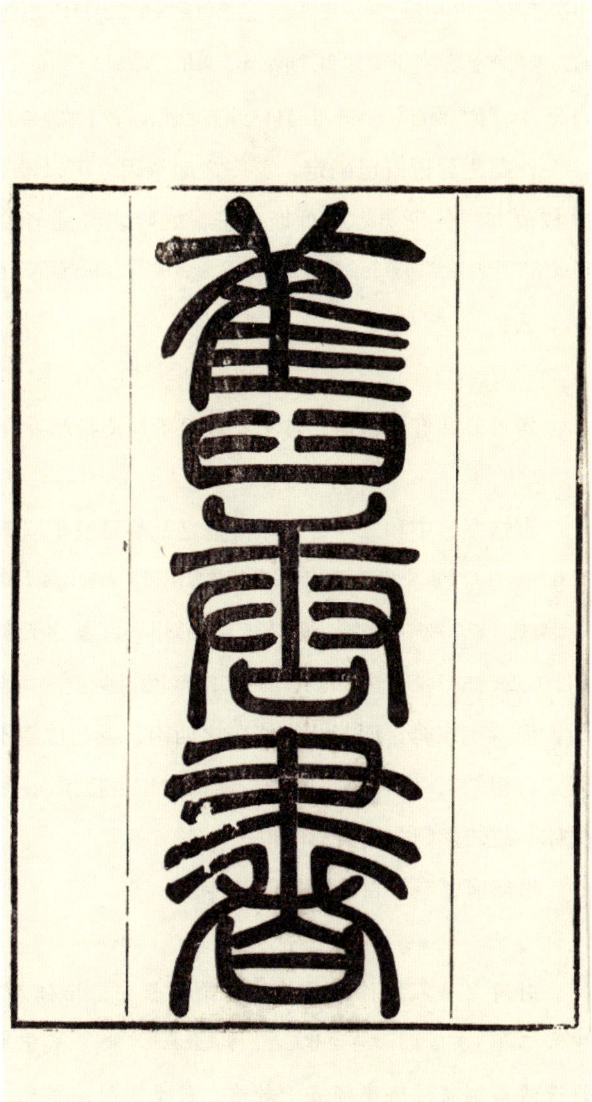
舊唐書

◎ 旧唐书

韦端己年谱列于中和二年。寅恪案，端己中和二年二月后始离长安，是年新正日何缘在商南道中？疑是中和三年之作。果尔，则端己于中和三年新正日经过商南，岂取襄汉路赴润州耶？但诗语无明确之表示，故不敢遽断也。）

汴路之界说既已确定，彭门之地望因之可以推知，而野色之校改亦得佐证矣。翟理斯公子秦妇吟之考证与校释（原文载通报第二十四卷第四第五合期。兹所据者为燕京学报第一卷第一期张荫麟君译本。）云：

四川彭县有彭门山，诗中之彭门不知是指此否？

寅恪案，中和二年冬蜀中阡能之乱蔓延及于双流新津，（见通鉴卷二百五十五中和二年十一月阡能党愈炽侵淫入蜀州条及崔致远桂苑笔耕集壹贺处斩草贼阡能表等。）则彭门指彭州导江县之天彭阙或天彭门，（见元和郡县图志卷三十一彭州导江县灌口山西岭有天彭阙条。）似亦可能，但诗言东奔，而彭州在洛阳之西南，既与地望不合。诗又云“自相杀”，以官军平阡能，而谓之“自相杀”，复于措词为失体。故知彭门非指天彭门也。

考旧唐书卷一百八十二时溥传云：

时溥彭城人，徐之牙将。黄巢据长安，诏征天下兵进讨。中和二年（寅恪案，二年应作元年，岑氏校勘记失校。）武宁军节度使支详遣溥与副将陈璠率师五千赴难。行至河阴，军乱，剽河阴县回。溥招合抚谕，其众复集。惧罪，屯于境上。详遣人迎犒，悉恕之。溥乃移军向徐州。既入，军人大呼，推溥为留后，送详于大彭馆。溥大出资装，遣陈璠援详归京。详宿七里亭，其夜为璠所杀，举家屠害。溥以璠为宿州刺史。竟以违命杀详，溥诛璠。（参考旧唐书卷十九下僖宗纪广明元年九月条，新唐书卷九僖宗纪，中和元年八月条。卷一百八十八时溥传及通鉴卷二百五十四中和元年八月条等。）

崔致远桂苑笔耕集代高骈所作书牒，关于汴路区域徐州时溥泗州于涛之兵争及运道阻塞之记载甚多，俱两唐书及通鉴等所未详，实为最佳史料。兹择录于下，亦足征当日徐淮之间军事交通之情势也。

桂苑笔耕集卷八致泗州于涛常侍别纸略云：

况属彭门叛乱，仍当汴路艰难，独守危城，终摧敌垒。

同书卷九致泗州于涛尚书别纸略云：

蠢彼徐戎，聚兹余烬，敢侵贵境，再逞奸谋。

同书卷十一告报诸道征促纲运书略云：

既装运舡，将扣飞檝，言遵汴道，径指圃田，必值徐戎，来侵淮口，扼断河路，攻围郡城。时溥罔遵诏旨，尚构奸谋。去年曾犯淮山，今夏又侵泗水。乃作黄巢外应，久妨诸道进军。先须刬当道之豺狼，后（方）可殄坏堤之蝼蚁。冀使隋皇新路，杨柳含春，汉祖旧乡，荆榛扑地。

同书同卷答徐州时溥书略云：

忽睹来示云：泗州独阻淮河，自牢城垒，使四方多阻，诸道莫通。其于淮河久阻，道路不通，皆因贵府出兵，不是泗滨为梗。是非可辨，远近所聆。去岁夏初，早蒙侵伐，呼蚁军于涟水，拒虎旅于淮山。

同书同卷答襄阳郄将军书略云：

中和二年七月四日具衔高某谨复书于将军阁下：某自去年春知寇侵秦甸，帝幸蜀川，欲会兵于大梁，遂传檄于外镇，练成军伍，选定行期，便被武宁（寅恪案，武宁军节度使治徐州。）忽兴戎役，先侵泗境，后犯淮壖。细察徐州所为，是作黄巢外应。不然，则何以每见当军临发，即将凶党奔冲，又乃执称泗滨，阻绝汴路，且临淮（寅恪案，临淮郡即泗州。）则城孤气寡，劣保疲羸。彭门则地险兵强，恐行狂悖。以兹斟酌，可见端倪。况无诸道纲舡曾过泗州本路。今则皆因此寇，却滞诸纲。近则浙东浙西，远则容府广府，并未聆馈运，何济急难。

又吴融唐英歌诗上有七言律诗三首，其题为：

彭门用兵后经汴路。

又新唐书卷五十八艺文志史部杂史类载：

郑樵彭门记乱三卷，原注庞勋事。

据此，彭门相杀之语及彭门与汴路之关系，可得其确解矣。

又“野色徒销战士魂，河津半是冤人血。”二句造语既不晦涩，用意尤为深刻，信称佳构。据旧唐书卷十二拾郭子仪传略云：

子仪既谢恩上表，因自陈曰：（臣）东西十年，前后百战。天寒剑折，溅血沾衣。野宿魂惊，饮冰伤骨。

则“野色徒销战士魂”句与郭表所云“野宿魂惊”之义相同，似可无须校改。然细绎上下文义，“野色”二字疑是“宿野”二字之讹倒，翟君谓“野色”丙本作“野宿”。据元和郡县图志卷九河南道五宿州条略云：

其地南临汴河，有埇桥为舳舻之会。（前文已引）

又同书同卷泗州条略云：

秦为泗水郡地。汉兴，改泗水为沛郡。武帝分置临淮郡。后汉下邳太守理此。自晋迄后魏，并为宿豫县。

宿迁县。春秋时宋人迁宿之地，晋立宿豫县。宝应元年以犯代宗庙讳改为宿迁县。

新唐书卷三十八地理志云：

泗州临淮郡上，本下邳郡，治宿预。开元二十三年徙治临淮。

则是“河津”为汴河之津，“宿野”为宿州或宿迁即泗州之野。故此二句俱指汴路区域，徐州时溥与泗州于涛之兵争。此乃依地理系统及历史事实以为推证，不得不然之结论。若有以说诗专主考据，以致佳诗尽成死句见责者，所不敢辞罪也。至“冤人”自当作冤死之人解，而周注谓“冤人”为黄巢同里冤句之人，则似可不必，盖“冤人”与“战士”为对文，冤字非地名也。

金陵，周注引唐书地理志江南道升州县本江宁为释。其实唐人亦称节将治所润州之丹徒为金陵，诗中之金陵即指润州之丹徒言。李卫公别集卷一鼓吹赋序云：

余往岁剖符金陵。

李德裕曾任浙西观察使，而润州之丹徒为浙西观察使治所，故云剖符金陵。其余例证，可参阅杜牧樊川诗集卷一杜秋诗序，冯集梧注，及钱大昕廿二史考异卷十七下唐书方镇表五贞元三年分浙江东西为二道条等。兹不备举。端己中和三年在上元赋诗颇多，（见浣花集卷四，及夏承焘君韦端己年谱。）因恐读者于此句中金陵之语有所误会，特附辨正于此。

（乙）从长安至洛阳之路程

北梦琐言卷六以歌词自娱条云：

蜀相韦庄应举时，遇黄寇犯阙，著秦妇吟一篇。内一联云："内库烧为锦绣灰，大街踏尽公卿骨。"尔后公卿亦多垂讶，庄乃讳之，时人号秦妇吟秀才。他日撰家戒，内不许垂秦妇吟障子，以此止谤，亦无及也。

寅恪案，此事最为可疑，以今日敦煌写本之多，（除翟君所举五本外，王重民君近影得巴黎图书馆伯希和号三七八十及三九五三两本，故寅恪间接直接所得见者，共有七本。德化李氏尚藏一本，已售于日人，未得见，不知与所见之七本异同如何。），当时必已盛传，足征葆光子“时人号为秦妇吟秀才”之言为不妄。且此诗为端己平生诸作之冠，而其弟蔼所编之浣花集竟不收入，则端己“撰家戒不许垂秦妇吟障子”之说尤属可信。但端己晚年所以深讳言此诗，要必有故，若如孙氏所指诗中“内库烧为锦绣灰，天街踏尽公卿骨”二句为其主因，则似不然。何以言之？据旧唐书卷一百八十二高骈传载中和二年僖宗责骈之诏，亦引骈表中“园陵开毁，宗庙焚烧”之语。是当时朝廷诏书尚不以此为讳，更何有于民间乐府所言之锦绣成灰，公卿暴骨乎。即以诗人之篇什论，杜子美诸将之“早时金盌出人间”即高千里之“园陵开毁”、“洛阳宫殿化为烽”，亦等于“宗庙焚烧”。岂子美可言“园陵开毁，宗庙焚烧”于广德大历之时，而端己不得言锦绣成灰，公卿暴骨于广明中和之世耶？端己生平心仪子美，至以草堂为居，浣花名集，岂得谓不识此义。即使此二句果有所甚忌讳，则删去之可也。或径改易之，如唐才子传作“天街踏尽却重回”即罗氏疑为端己避谤后所改者，亦无不可也。何至并其全篇而禁绝之。今端己取全篇而悉禁绝之者，可知其忌讳所在，有关全篇主要之结构，既不能删去，复无从改易，实不仅系于此二句已也。然则其竟以内库公卿一联为说者，乃不能显言其故，遂作

◎ 敦煌－第70号窟 左壁、右侧[1]

1 主室南壁。莫高窟盛唐第217窟南壁佛顶尊胜陀罗尼经变。

假托之词耳。以是愈知其所讳之深，而用心之苦矣。

寅恪昔年曾与俞君论此，所疑殊不能释。近日取两唐书王重荣及杨复光传，与秦妇吟所述从长安达洛阳之路程互证，并参以其他史籍，综合推究，恍然若有所悟，于是假设一说，以求喜读秦妇吟者之教正。

兹节录有关史籍之文于下：

旧唐书卷十九下僖宗纪云：

（中和）二年二月（通鉴系此事于元年四月，详见考异。）泾原大将唐弘夫，大败贼将林言于兴平，俘斩万计。王处存率军二万径入京城，贼伪遁去。京师百姓迎处存，欢呼叫噪。是日军士无部伍，分占第宅，俘掠妓妾。贼自灞上分门复入，处存之众苍黄溃乱，为贼所败。黄巢怒百姓欢迎处存，凡丁壮皆杀之，坊市为之流血。自是诸军退舍，贼锋愈炽。

又同书卷一百八十二王重荣传云：

重荣知（河中）留后事，乃斩贼使，求援邻藩。既而贼将朱温舟师自同州至，黄邺之兵自华阴至，数万攻之。重荣戒励士众，大败之，获其兵仗，军声益振。朝廷遂授节钺，检校司空。时中和元年夏也。俄而忠武监军杨复光，率陈蔡之师万人与重荣合。贼将李祥守华州，重荣合势攻之，擒祥以徇。俄而朱温以同州降，贼既失同华，狂躁益炽。黄巢自率精兵数万至梁田坡。时重荣军华阴南，杨复光在渭北，犄角破贼，出其不意，大败贼军。

又同书卷一百八十四宦官传杨复光传云：

时秦宗权叛（周）岌，据蔡州。复光得忠武之师三千入蔡州，说宗权，俾同义举。宗权遣将王淑率众万人，从复光收荆襄。次邓州，王淑逗留不进，复光斩之，并其军，分为八都。鹿晏弘、晋晖、李师泰、王建、韩建等，皆八都之大将也。进攻南阳，贼将朱温、何勤来逆战，复光败之，进收邓州，献捷行在，中和元年五月也。复光乘胜追贼至蓝桥，丁母忧还。寻起复，受诏充天下兵马都监，押诸军入定关辅。王重荣为东面招讨使，复光以兵会之。

又同书二百下黄巢传略云：

时京畿百姓皆砦于山谷，累年废耕耘。贼坐空城，赋输无入，谷食腾踊，米斗三十千。官军皆执山砦百姓鬻于贼为食，人获数十万。（中和）二年王处存合忠武之师，败贼将尚让，乘胜入京师，贼遁去。处存不为备，是夜复为贼寇袭，官军不利。贼怒坊市百姓迎王师，乃下令洗城，丈夫丁壮杀戮殆尽，流血成渠。

新唐书卷一百八十七王重荣传云：

即拜检校工部尚书，为节度使。会忠武监军杨复光率陈蔡兵万人屯武功，重荣与连和击贼将李祥于华州，执以徇。贼使尚让来攻，而朱温将劲兵居前，败重荣兵于西关门，于是出兵夏阳，掠河中漕米数十艘。重荣选兵三万攻温，温惧，悉凿舟沉于河，遂举同州降。复光欲斩之，重荣曰：今招贼，一切释罪。且温武锐可用，杀之不祥。表为同华节度使。有诏即副河中行营招讨，赐名全忠。（黄）巢丧二州，怒甚，自将精兵数万壁梁田。重荣军华阴，复光军渭北，犄角攻之，贼大败。

又同书卷二百七宦者传上杨复光传云：

俄起为天下兵马都监，总诸军，与东面招讨使王重荣并力定关中。

旧唐书卷十九下僖宗纪云：

中和元年九月，杨复光王重荣以河西（中？）昭义忠武义成

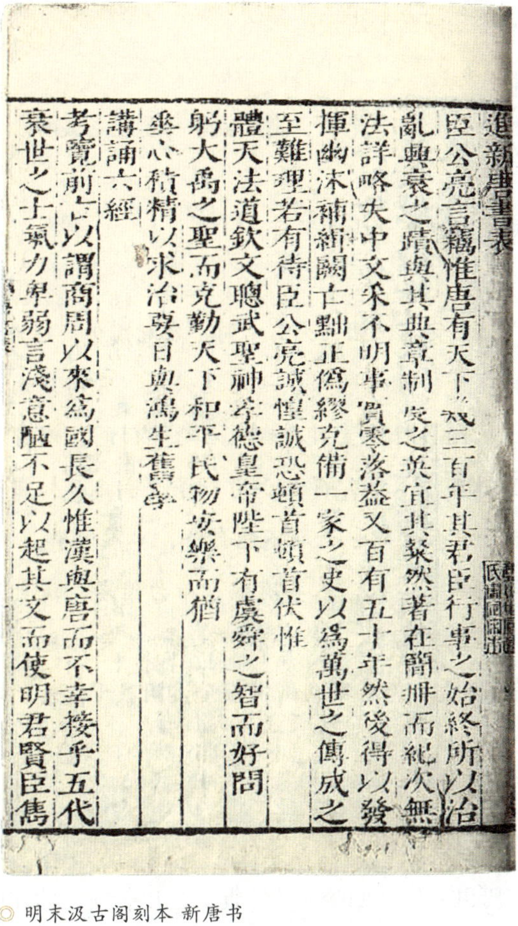

進新唐書表
臣公亮言竊惟唐有天下幾三百年其君臣行事之始終所以治
亂興衰之迹與其典章制度之英宜其粲然著在簡冊而紀次無
法詳略失中文采不明事實零落蓋又百有五十年然後得以發
揮幽沫補緝闕亡黜正僞繆克備一家之史以為萬世之傳成之
至難理若有待臣公亮誠惶誠恐頓首頓首伏惟
體天法道欽文聰武聖神孝德皇帝陛下有虞舜之智而好問
躬大禹之聖而克勤天下和平民物安樂而猶
垂心積精以求治要日與鴻生舊學
講誦六經
考覽前古以謂商周以來為國長久惟漢與唐而不幸接乎五代
衰世之士氣力卑弱言淺意陋不足以起其文而使明君賢臣雋

◎ 明末汲古阁刻本 新唐书

之师屯武功。

通鉴卷二百五十四云：

中和元年（九月）辛酉，忠武监军杨复光屯武功。

北梦琐言卷九李氏女条云：

唐广明中黄巢犯阙，大驾幸蜀，衣冠荡析，寇盗纵横。有西班李将军女，奔波随人，迤逦达兴元。骨肉分散，无所依托。适值凤翔奏将军董司马者，乃晦其门阀，以身托之，而性甚明敏，善于承奉，得至于蜀。寻访亲眷，知在行朝，始谓董生曰：丧乱之中，女弱不能自济，幸蒙提挈，以至于此。失身之事，非不幸也。人各有偶，难为偕老，请自此辞。董生惊愕，遂下其山矣。识者谓女子之智亦足称也。见刘山甫闲谈。（寅恪案，闽从事刘山甫撰金溪闲谈十二卷，即见北梦琐言。）

寅恪案，秦妇吟中述一妇人从长安东奔往洛阳，其行程即端己所亲历也。依秦妇吟所述，此妇之出长安，约在中和二年二月所谓“黄巢洗（长安）城”之后。盖长安经此役后，凡非巢党，殊难苟存。端己之出长安，亦当在此相距不久之时。但即在此前或此后，大多数之避难者，其从长安东奔之路线，应亦与诗中所言者不殊。此观于平时交通之情况，可以推知者也。北梦琐言李氏女条所纪，亦当日避难妇女普遍遭遇，匪独限于李氏女一人也。由是言之，秦妇吟之秦妇，无论其是否为端己本身之假托，抑或实有其人，所经行之路线，则非有二，金溪闲谈之李氏女，即使其非从长安西奔达成都，（若由此路，则唐人谓之南奔也。）而从长安东奔达洛阳，但由此路线避难之妇女，所遭遇之情势，亦应有与金溪闲谈所述者，略相近似。据旧唐书杨复光传，王重荣为东面招讨使，复光以兵会之。又据两唐书王重荣传，复光与重荣合攻李祥于华州，及重荣军华阴复光军渭北，犄角败贼。是从长安东出奔于洛阳者，如秦妇吟之秦妇，其路线自须经近杨军防地。复依旧唐书僖宗纪新唐书王重荣传及通鉴中和元年（九月）之记事，复光屯军武功，则从长安西出奔于成都者，如金溪闲谈之李氏女，其路线亦须经近杨军防地，而杨军之八都大将之中，前蜀创业垂统之君，端己北面亲事之主（王建）即是其一。其余若晋晖李师泰之徒，皆前日杨军八都之旧将，后来王蜀开国之元勋也。当时复光屯军武功，或会兵华渭之日，疑不能不有如秦妇避难之人，及李女委身之事。端己之诗，流行一世，本写故国乱离之惨状，适触新朝宫阃之隐情。所以讳莫如深，志希免祸，以生平之杰构，古今之至文，而竟垂戒子孙，禁其传布者，其故傥在斯欤？傥在斯欤？

（丙）诗句校释

其关于诗中文句之校释，尚有须略缀数语，申述鄙见者，列举如下。至其他校释，已见诸校本而可信从，或无关重要者，皆不赘述。

诗云：

翻持象笏作三公，倒佩金鱼为两史。

周注云：

两史为柏台，（御史大夫）兰省（御史中丞）也。

寅恪案，通典卷二十一职官典三宰相门中书令条略云：

隋初改中书为内史，置监令各一人，寻废监置令二人。大唐武德初为内史令。三年改为中书令，亦置二人。龙朔二年改为右相。

据此，两史与三公为对文，自指宰相而言。若御史中丞则官阶仅正四品下，职位太卑，非端己诗意也。

诗云：

昨日官军收赤水，赤水去城一百里。

寅恪案，水经注卷十九渭水篇云：

径望仙宫东，又北与赤水会。

据此，并参考杨守敬水经注地图第四册南五卷南五西五上，准诸地望，此二句与旧唐书僖宗纪所记：

（中和）二年二月，泾原大将唐弘夫大败贼将林言于兴平，俘斩万计。之事适合。

诗云：

逡巡走马传声急，又道官军全阵入。大彭小彭相顾忧，二郎四郎抱鞍泣。

寅恪案，安友盛本作“官军”，似较他本之作“军前”者为佳。下文云“又道官军悉败绩”可证也。又王氏校本云：

“彭”伦敦残本作“台”，巴黎图书馆伯希和号三七八十作“大鼓”。

寅恪案，“台”及“鼓”皆是“彭”之形讹，自不可据以校改。但“大彭小彭”语不易解，周注云：

“大彭小彭”谓黄巢部下之将时溥及秦彦。

盖据旧唐书时溥秦彦传，二人皆彭城人也。又云：

“二郎四郎”即谓黄巢及弟揆。

举两唐书黄巢传为证。

寅恪案，旧唐书卷一百八十二时溥传，前于论从洛阳东奔路程一节中已详引，兹不复录，仅就秦彦传取与时溥传并观，以见周说之难通。旧唐书卷一百八十二高骈传附秦彦传略云：

秦彦者，徐州人。聚徒百人，杀下邳令取其资装入黄巢军。巢兵败于淮南，乃与许勍俱降高骈，累奏授和州刺史。中和二年宣歙观察使窦潏病，彦以兵袭取之，遂代潏为观察使，朝廷因而命之。

据此，时溥虽高骈谓其为黄巢外应，（见前引桂苑笔耕集卷十一，告报诸道征促纲运书及答襄阳郄将军书。）是否诋诬之词，犹待考实。但其始终未作黄巢部下之将，则事迹甚明。秦彦虽一度入黄巢军，中和二年二月以前，早已降于高骈，奏授和州刺史。故以时地考之，中和二年二月时溥在徐州，秦彦在和州或宣州，（秦彦袭取宣州事，通鉴系于中和二年之末，盖难定其日月也。）二人既均不在长安，又俱非黄巢部将，何得在围城之中，闻官军将入而相顾以忧乎。

故知“大彭小彭”必不谓秦彦时溥。“二郎四郎”疑与“大彭小彭”同是泛称，非实指黄巢黄揆也。

苏鹗苏氏演义上云：

俗呼奴为邦，今人以奴为家人也。凡邦家二字多相连而用。时人欲讳家人之名，但呼为邦而已，盖取用于下字者也。又云：仆者皆奴仆也，但论语云：邦君树塞门。树犹屏也。不言君但言邦，此皆委曲避就之意也。今人奴拜多不全其礼，邦字从半拜，因以此呼之。（此文疑有脱误，俟求善本校之。）

李匡义资暇集下奴为邦条云：

呼奴为邦者，盖旧谓僮仆之未冠者曰竖。人不能直言其奴，因号奴为竖。高欢东魏用事时，相府法曹卒（寅恪案，卒当作辛，见北齐书卷二十四北史卷五十五杜弼传。）子炎（？）误犯欢奴杖之。欢讳树而威权倾于邺下，当是郡（群？）寮以竖同音，因目奴为邦，义取邦君树塞门，以句内有树字，假竖为树，故歇后为言，今兼删去君字呼之。一说邦字类拜字，言奴非唯郎主，是宾则拜。（此文疑有脱误，俟求善本校之。）

寅恪案，苏氏讳家人为邦，李氏避高欢父树生讳之说，虽未必可从，但德祥为光启中进士，（见晁公武郡斋读书志卷三下。）济翁亦唐末人，与端己所处时代近同，且德祥居武功之杜阳川，（亦见晁志。）济翁所述，又显为山东之俗，则当时呼奴为邦，东西皆然。夫俗语之用，原无定字，彭邦二音相近，故书为邦者，宜亦得书为彭。是韦诗中之俗语，似可以苏李书中所记当时之音义释之，然则“大彭小彭”者，殆与大奴小奴同其义也。

志於道據於德
依於仁游於藝

戊辰秋月宗頤